INDULGÊNCIAS

INDULGÊNCIAS

Orientações litúrgico-pastorais

Enchiridion Indulgentiarum (4ª ed., julho de 1999)

Tradução
Conferência Nacional dos Bispos do Brasil

Editoração, impressão e acabamento
PAULUS

 Seja um leitor preferencial **PAULUS**.
Cadastre-se e receba informações sobre
nossos lançamentos e nossas promoções:
paulus.com.br/cadastro
Televendas: **(11) 3789-4000 / 0800 016 40 11**

1ª edição, 2005
7ª reimpressão, 2023

© PAULUS – 2005

Rua Francisco Cruz, 229 • 04117-091 – São Paulo (Brasil)
Tel.: (11) 5087-3700
paulus.com.br • editorial@paulus.com.br

ISBN 978-85-349-2414-6

FSC
www.fsc.org
MISTO
Papel | Apoiando
o manejo florestal
responsável
FSC® C108975

APRESENTAÇÃO

Como lembra o Papa Paulo VI, na Constituição Apostólica sobre a Doutrina das Indulgências, para que o uso delas seja salutar, é necessário ter em conta toda a história da salvação.

As Indulgências não perdoam pecados. Elas são graças especiais e específicas para amadurecer o processo de conversão do fiel arrependido que, tendo sido perdoado, deseja reiniciar uma vida nova.

Este livro intitulado **Indulgências – Orientações litúrgico-pastorais** é a tradução do *Enchiridion Indulgentiarum – normae et concessiones – editio quarta, reimpressio*.

As Indulgências são parte da piedade católica. A respeito delas se manifestam atitudes contrastantes. Alguns as rejeitam como algo ultrapassado e entrave ao diálogo ecumênico. Outros as buscam de forma equivocada, chegando inclusive a práticas desviadas da verdadeira piedade cristã. Muitos, porém, encontram nelas o caminho de crescimento na santidade, expressão do amor a Deus e ao próximo.

Recomenda-se o uso criterioso destas normas e orientações para que realmente as Indulgências sejam oportunidades de amadurecimento na fé, promoção da vida cristã e valorização da religiosidade popular.

Brasília, 24 de junho de 2004

Dom Manoel João Francisco
Bispo de Chapecó
Presidente da Comissão Episcopal Pastoral para a Liturgia

PENITENCIARIA APOSTÓLICA

Prot. N. 101/01/1

DECRETO

Atendendo ao pedido do Excelentíssimo e Reverendíssimo Dom Geraldo Majella Agnelo, Cardeal da Santa Igreja Romana, Arcebispo de São Salvador no Brasil, Presidente da Conferência Nacional dos Bispos do Brasil, em carta de 23 de fevereiro de 2005, a Penitenciaria Apostólica, por força das faculdades a este Dicastério atribuídas pelo Sumo Pontífice Bento XVI, de bom grado confirma a tradução portuguesa da quarta edição típica do "Enchiridion Indulgentiarum" conforme exemplar anexo, e permite que seja publicado.

No texto a ser impresso seja inserido na íntegra este Decreto.

Além disso, enviem-se à Penitenciaria Apostólica dois exemplares do texto impresso.

Não obstante qualquer coisa em contrário.

Roma, da Sede da Penitenciaria Apostólica, 11 de maio de 2005.

Card. James Francis Stafford
Penitenciário Maior

Pe. Gianfranco Girotti, O.F.M. Conv.
Regente

IESU HUMANI GENERIS

DECRETO

Quarta edição do Indulgências – Orientações litúrgico-pastorais

Os méritos de valor infinito de Jesus, Divino Redentor do gênero humano, como também os méritos da beatíssima Virgem Maria e de todos os Santos, oriundos da superabundância dos méritos de Jesus, foram confiados à Igreja de Cristo, como tesouro inesgotável, para serem aplicados na remissão dos pecados e das suas consequências, em virtude do poder de ligar e desligar, concedido pelo seu próprio Fundador a Pedro e aos outros apóstolos e, através deles, aos Sumos Pontífices e aos Bispos, seus sucessores. Esta remissão se realiza ordinariamente, e, no caso de pecados mortais, necessariamente através do Sacramento da Reconciliação.

Contudo, mesmo que tenha sido perdoada a culpa mortal e sua consequente e merecida pena eterna, e embora tenha sido perdoado também o pecado leve ou venial, o pecador pode ainda precisar de purificação, ou seja, pode estar ainda sujeito a uma pena temporal que deve ser expiada na vida terrena ou na outra, a saber, no purgatório. Neste caso, a indulgência da pena a ser remida é retirada daquele admirável tesouro, antes recordado. Esta doutrina que deve ser crida e sua louvável prática confirmam e, com peculiar eficácia, aplicam, em vista da santidade a ser alcançada, os mistérios tão eficazes como consoladores do Corpo Místico de Cristo e da Comunhão dos Santos.

O Sumo Pontífice João Paulo II escreveu claramente sobre esse assunto na Bula iniciada com as palavras *Incarnationis mysterium,* por ocasião do anúncio do Grande Jubileu.

Conforme esse Magistério, a Penitenciaria Apostólica aproveita a ocasião do grande início do Jubileu e da difusão por todo o orbe católico da citada Bula para de novo – já pela quarta vez – editar o *Enchiridion Indulgentiarum,* tomando como norma a publicação típica de 29 de junho de 1968, a qual, por sua vez, foi redigida segundo as modificações disciplinares estabelecidas na Constituição apostólica *Indulgentiarum doctrina.*

Por esta nova edição, porém, não se mudam de modo algum os princípios *reguladores da disciplina* a respeito das Indulgências, apenas são revistas algumas normas *particulares*, segundo os últimos documentos emanados da Sé Apostólica.

Na realidade, as concessões foram expressas conforme um critério sistemático, de tal maneira que o real número delas não fosse diminuído, mas que o seu elenco se tornasse mais breve. O critério de escolha das mais significativas foi o de fazer crescer a piedosa disposição da caridade, seja em cada fiel cristão, seja na comunidade eclesial.

Assim, em primeiro lugar, inseriu-se uma quarta concessão mais geral, mediante a qual, pelo dom da Indulgência, se valoriza um claro testemunho da fé, vivida nas peculiares circunstâncias do dia a dia. Outras novas concessões de grande importância levam em consideração a necessidade de se firmarem os fundamentos da família cristã (consagração das famílias); a comunhão na prece da Igreja universal (a frutuosa participação seja nos dias dedicados universalmente a algum fim religioso, seja na semana pela unidade dos cristãos); o culto a se prestar a Jesus presente no Santíssimo Sacramento (procissão eucarística).

Algumas concessões precedentes também foram ampliadas, por exemplo, a que se refere à recitação do Rosário de Maria ou do hino Akathistos, às celebrações jubilares de ordenações, à leitura da Sagrada Escritura, às visitações dos lugares santos.

Na presente edição, com mais frequência, se faz referência às faculdades das conferências episcopais – as das Igrejas orientais, conforme seus estatutos próprios, as do rito latino, de acordo com o cânon 447 do Código de Direito Canônico – a respeito das listas das preces mais difundidas em seus respectivos territórios. E de fato o número de preces aqui relacionadas foi notavelmente aumentado, especialmente aquelas da Tradição oriental.

Por esse decreto, declara-se autêntico o texto a seguir e ordena-se sua publicação, por autoridade do Sumo Pontífice, conforme foi declarado na audiência de 5 de julho de 1999, concedida aos Moderadores da Penitenciaria Apostólica.

A mesma Penitenciaria Apostólica, seguindo o pensamento do Beatíssimo Pai, faz votos para que os fiéis, animados pela doutrina e pelo empenho pastoral dos seus bispos, disponham-se com íntima disposição religiosa a aumentar sua piedade para a glória da Divina e Augustíssima Trindade, através do uso das sagradas Indulgências.

Revogam-se quaisquer outras disposições em contrário.

Dado em Roma, da Penitenciaria Apostólica, a 16 de julho de 1999, na comemoração da Bem-aventurada Virgem Maria do Monte Carmelo.

William Wakefield S. R. E. Cardeal Baum
Penitenciário-mor

† Luigi de Magistris
Bispo titular de Nova Regente

ABREVIATURAS E SIGLAS

AA	Decr. *Apostolicam actuositatem*, 18 de novembro de 1965 – Documentos do Vaticano II, Constituições, Decretos e Declarações, Edição bilíngue, Vozes, 1966.
AAS	*Acta Apostolicae Sedis, Commentarium officiale.*
AG	Decr. *Ad gentes*, 7 de dezembro de 1965 – Documentos do Vaticano II, Constituições, Decretos e Declarações, Edição bilíngue, Vozes, 1966.
Al.	Alocuções.
AP	Papa Bento XV, m. p. *Alloquentes proxime*, 25 de março de 1917, AAS 9 (1917) 167.
Ap.	Apostólica.
can/cann.	Cânon / cânones.
CB	Cerimonial dos Bispos, restaurado por decreto do Sagrado Concílio Ecumênico Vaticano II e promulgado pela autoridade do Papa João Paulo II – Paulus, 1988.
CD	Decr. *Christus Dominus*, 28 de outubro de 1965 – Documentos do Vaticano II, Constituições, Decretos e Declarações, Edição bilíngue, Vozes, 1966.
CIC 1917	Código de Direito Canônico de 1917 (*Codex Iuris Canonici Pii X Pontificis Maximi iussu digestus Benedicti Papae XV auctoritate promulgatus, 27 maii 1917*).
CIC 1983	Código de Direto Canônico de 1983 (*Codex Iuris Canonici auctoritate Ioannis Pauli PP. II promulgatus, 25 ian. 1983*).
Cic	Catecismo da Igreja Católica, 15 de agosto de 1997 – Vozes, Paulinas, Loyola e Ave Maria.

conc.	Concessão / concessões.
Const.	Constituição.
CS	Papa Pio XII, m.p. *Cleri sanctitati*, 2 de junho de 1957, AAS 49 (1957) 433-600.
Decl.	Declaração.
Decr.	Decreto.
DH	Declaração *Dignitatis Humanae*, dezembro de 1965 – Documentos do Vaticano II, Constituições, Decretos e Declarações, Edição bilíngue, Vozes, 1966.
DS	Denzinger-Schönmetzer, *Enchiridion Symbolorum Definitonum et Declarationum de rebus fidei et morum*, ed. 33, 1965.
EI 1968	*Enchiridion Indulgentiarum. Normae et concessiones*, 29 iun. 1968.
EI 1986	*Enchiridion Indulgentiarum. Normae et concessiones*, 18 maii 1986.
GS	Constituição Pastoral *Gaudium et Spes*, 7 de dezembro de 1965 – Documentos do Vaticano II, Constituições, Decretos e Declarações, Edição bilíngue, Vozes, 1966.
ID	Papa Paulo VI, Constituição Apostólica *Indulgentiarum doctrina*, 1º de janeiro de 1967, AAS 59 (1967) 5-24.
IFI	SPA, decreto *In fere innumeris*, 20 de julho de 1942, AAS 34 (1942) 240.
LG	Constituição dogmática *Lumen Gentium*, 21 de novembro de 1964 – Documentos do Vaticano II, Constituições, Decretos e Declarações, Edição bilíngue, Vozes, 1966.
LH	Liturgia das Horas segundo o Rito Romano – Ofício renovado por decreto do Concílio Ecumênico Vaticano II e promulgado por Paulo VI, 7 de abril 1985.
m.p.	Carta Apostólica em forma de *Motu próprio*.
MR	Missal Romano reformado pela norma do Decreto do Concílio Ecumênico Vaticano II e promulgado pelo Papa Paulo VI, 27 de março 1975.

n. / nn.	norma / normas.
OT	Decreto *Optatam totius*, 28 de outubro de 1965 – Documentos do Vaticano II, Constituições, Decretos e Declarações, Edição bilíngue, Vozes, 1966.
PA	Penitenciaria Apostólica.
Paen.	Papa Paulo VI, Constituição Apostólica *Paenitemini*, 17 de fevereiro de 1966, Documentos Pontifícios 173, Vozes, 1968.
PB	Papa João Paulo II, Constituição Apostólica *Pastor bonus*, 28 de junho de 1988, AAS 80 (1988) 841-912).
PL	Migne J. P., *Patrologia Latina*, 1844-1855.
RB	Ritual de Bênçãos, restaurado por decreto do Concílio Ecumênico Vaticano II e promulgado pela autoridade de João Paulo II – Paulinas e Vozes – 1990.
Resp.	Responsum / responsio.
REU	Papa Paulo VI, Constituição Apostólica *Regimini Ecclesiae Universae,* 15 de agosto de 1967, AAS 59 (1967) 885-928.
SC	Constituição Sacrosanctum Concilium sobre a Sagrada Liturgia – Documentos do Vaticano II, Constituições, Decretos e Declarações, Edição bilíngue, Vozes, 1966.
SCR	Sagrada Congregação dos Ritos.
SPA	Sagrada Penitenciaria Apostólica.
tab.	Tabela.

INTRODUÇÃO GERAL

1. Na primeira edição desta obra, publicada em junho de 1968, pôs-se em prática a norma 13 da Constituição Apostólica *Indulgentiarum doctrina*: "*Indulgências — Orientações litúrgico-pastorais* será revisto a fim de que não sejam enriquecidas de indulgências senão as principais orações e obras de piedade, de caridade e de penitência". Nas edições subsequentes, até a presente, a Penitenciaria Apostólica cuidou que o texto se tornasse mais claro. Foram feitos alguns acréscimos e, em alguns pormenores, algumas correções, segundo as exigências do método crítico.

2. Neste caso, considerem-se orações e obras mais importantes aquelas que, tendo em conta a tradição e a mudança dos tempos, parecem aptas, de modo especial, não só para ajudar os fiéis na satisfação das penas merecidas por seus pecados, mas ainda, e sobretudo, para nos impulsionar a um maior fervor de caridade. Esse foi o princípio que norteou o modo de composição da obra.[1]

3. Segundo a tradição, a participação no Sacrifício da Missa e nos Sacramentos não é enriquecida de indulgências, pois, no que se refere à santificação e à purificação, eles têm em si mesmos uma preeminente eficácia.[2]

Contudo, para acontecimentos especiais (tais como a primeira comunhão, a primeira Missa do neo-sacerdote, a Missa no

---

[1] Cf. Aloc. de Paulo VI ao Colégio de Cardeais e à Cúria, a 23 de dezembro de 1966, AAS 59(1967)57.
[2] Cf. ID 11.

encerramento de Congresso Eucarístico) concede-se indulgência que não deve ser atribuída à participação na missa ou nos sacramentos, mas às circunstâncias extraordinárias em que acontece. Desse modo, com o auxílio da indulgência se promove e se recompensa, por assim dizer, o esforço de uma devoção maior, próprio dessas celebrações; o bom exemplo que se dá aos outros; a honra que se presta à Santa Eucaristia e ao Sacerdócio.

Contudo, segundo a tradição, pode conceder-se a indulgência a várias obras de piedade particular ou pública; além disso, podem enriquecer-se com indulgências aquelas obras de caridade e penitência a que o nosso tempo atribui maior importância. Todas essas obras dotadas de indulgências, como qualquer outra boa ação e qualquer outro sofrimento suportado com paciência, não se separam, de modo algum, da missa e dos sacramentos, como fontes principais de santificação e purificação[3]; pois as boas obras e sofrimentos tornam-se oblação dos próprios fiéis que se ajunta à oblação de Cristo no Sacrifício Eucarístico[4]; e também, porque a missa e os sacramentos levam os fiéis ao cumprimento de seus deveres, de modo a "cumprirem na vida o que acolheram na fé"[5]; e a disporem, com os deveres cumpridos, os corações para mais frutuosa participação dos sacramentos.[6]

4. Porque os tempos são outros, atribui-se agora maior importância à ação do cristão *(opus operantis),* e por esta razão não se enumeram, em longa lista, obras de piedade *(opus operatum)* como se fossem distintas de sua vida; apresenta-se apenas um número moderado de concessões[7] que levem, com maior eficá-

---

[3] Cf. ID 11.
[4] Cf. LG 34.
[5] Cf. MR, Oração da 2ª feira da oitava da Páscoa.
[6] Cf. SC 913.

cia, o fiel a tornar sua vida mais útil e mais santa. Dessa forma se tira "aquele desequilíbrio entre a fé que muitos professam e a vida cotidiana que vivem... e assim todos os esforços humanos, familiares, profissionais, científicos ou técnicos, numa síntese vital, se ajuntam com os bens religiosos, e com esta altíssima coordenação tudo coopera para a glória de Deus".[8]

Foi preocupação principal abrir amplo espaço à vida e informar os corações no espírito e exercício da oração, penitência e virtudes teologais, mais do que propor repetições de fórmulas e atos.

5. No livro, antes de se agruparem as várias concessões, expõem-se as normas, tiradas da Constituição Apostólica e do Código de Direito Canônico. Pois pareceu útil, para precaver possíveis dúvidas sobre o assunto, apresentar num só conjunto bem ordenado todas as disposições sobre as indulgências atualmente em vigor.

6. No livro se apresentam, em primeiro lugar, três concessões que são como luzeiros para a vida cotidiana do cristão. A cada uma dessas três mais gerais, para a utilidade e conhecimento dos fiéis, se acrescentam notas para declarar que cada concessão se ajusta ao espírito do Evangelho e à renovação proposta pelo Concílio Ecumênico Vaticano II.

7. Segue-se a isso a lista das concessões que se referem a cada obra de piedade. São poucas, porque algumas obras estão incluídas nas três concessões mencionadas. No que diz respeito às orações, pareceu bom lembrar expressamente só algumas de índole universal. As competentes Conferências episcopais cuidem de

---

[7] Cf. mais à frente, principalmente os nn. I – IV.
[8] Cf. GS 43.

acrescentar nas edições do livro nas várias línguas outras fórmulas úteis à piedade dos fiéis e a eles importantes por motivo da tradição.

8. *Indulgências - Orientações litúrgico-pastorais* contém um apêndice que recolhe uma série de invocações e apresenta o texto da Constituição Apostólica *Indulgentiarum doctrina.*

NORMAS SOBRE AS INDULGÊNCIAS

1. Indulgência é a remissão, diante de Deus, da pena temporal devida pelos pecados já perdoados quanto à culpa, que o fiel, devidamente disposto e em certas e determinadas condições, alcança por meio da Igreja, a qual, como dispensadora da redenção, distribui e aplica, com autoridade, o tesouro das satisfações de Cristo e dos Santos.[9]

2. A indulgência é parcial ou plenária, conforme liberta, em parte ou no todo, da pena temporal devida pelos pecados.[10]

3. Qualquer fiel pode lucrar indulgências parciais ou plenárias para si mesmo ou aplicá-las aos defuntos como sufrágio.[11]

4. O fiel que, ao menos com o coração contrito, faz uma obra enriquecida de indulgência parcial, com o auxílio da Igreja alcança o perdão da pena temporal, em valor correspondente ao que ele próprio já ganha com sua ação.[12]

5. § 1. Além da autoridade suprema da Igreja, só podem conceder indulgências aqueles a quem esse poder é reconhecido pelo Direito ou concedido pelo Romano Pontífice.

§ 2. Nenhuma autoridade inferior ao Romano Pontífice pode conferir a outros o poder de conceder indulgências, a não ser que isso lhe tenha sido expressamente concedido pela Sé Apostólica.[13]

---

[9] CIC 1917, cân. 911; ID, n.1; EI 1968, n.1; CIC 1983, cân. 992; EI 1986, n.1.
[10] ID, n.2; EI 1968, n.2; CIC 1983, cân. 993; EI 1986, n.2.
[11] CIC 1917, cân. 930; ID, n.3; EI 1968, nn.3-4; CIC 1983, cân. 994; EI 1986, nn.3-4.
[12] ID, n.5; EI 1968, n.6; EI 1986, n.5.
[13] § 1: CIC 1917, cân 912; EI 1968, n.8; CIC 1983, cân. 995 § 1; EI 1986, n.7.
§ 2 CIC 1917, cân. 913; EI 1968, n.10, 1°; CIC 1983, cân. 995 § 2; EI 1986, n.9.

6. Na Cúria Romana, só à Sagrada Penitenciaria se confia tudo o que se refere à concessão e uso de indulgências; excetua-se o direito da Congregação para a Doutrina da Fé de examinar o que toca à doutrina dogmática sobre as mesmas indulgências.[14]

7. Os Bispos eparcas ou diocesanos, e os equiparados a eles pelo Direito, a partir do princípio de seu múnus pastoral, têm os seguintes direitos:

1º: Conceder indulgência parcial, dentro de seu território a todos os fiéis, fora de seu território aos fiéis pertencentes à sua jurisdição.

2º: Dar a bênção papal com indulgência plenária, segundo a fórmula prescrita, cada qual em sua eparquia ou diocese, três vezes ao ano, no fim da missa celebrada com especial esplendor litúrgico, ainda que eles próprios não a celebrem, mas apenas assistam, e isso em solenidades ou festas por eles designadas. Essa bênção é dada no final da Missa no lugar da bênção costumeira, conforme a forma do respectivo Cerimonial dos Bispos.[15]

8. Os Metropolitas podem conceder a indulgência parcial nas dioceses sufragâneas, como o fazem em seu próprio território.[16]

9. § 1. Os Patriarcas podem conceder em cada um dos lugares do seu patriarcado, mesmo isentos, nas igrejas de seu rito fora dos confins do patriarcado e, em qualquer parte, para os fieis do seu rito:

---

[14] AP 4-5; REU 113; EI 1968, n.9; EI 1986, n.8; PB 120.

[15] 1º: CIC 1917, cân. 349 § 2, 2º; IFI 1; CS, cann 396 § 2, 2º, 364 § 3, 3º; 367 § 2, 1º; 391; EI 1968, n.11, § 1; EI 1986, n.10, 1º.

2º: CIC 1917, cân. 914; IFI 1; EI 1968, n. 11 § 2; CE, 1122-1126; EI 1986, n. 10, 2º.

[16] CIC 1917, cân 274, 2º; SPA, decr. 20 de julho 1942, n.2; CS, cann 319, 6º, 320 § 1, 4º; EI 1968, n. 12; EI 1986, n.11.

1º: Conceder a indulgência parcial;

2º: Dar a bênção papal com indulgência plenária, três vezes ao ano pela lei ordinária, mais vezes, porém, se ocorrer uma circunstância ou razão que postule a concessão de uma indulgência plenária para o bem dos fiéis.

§ 2. O mesmo vale para os Arcebispos Maiores.[17]

10. Os Cardeais da Santa Igreja Romana gozam do direito de conceder a indulgência parcial em qualquer parte, mas só aos presentes em cada vez.[18]

11. § 1. Requer-se licença expressa da Sé Apostólica para imprimir em qualquer língua *Indulgências — Orientações litúrgico-pastorais.*

§ 2. Todos os outros livros, folhetos e outros escritos, nos quais se contenham concessões de indulgências, não se editem sem a licença do Hierarca ou do Ordinário local.[19]

12. De acordo com a mente do Sumo Pontífice, as concessões de indulgências para todos os fiéis começam a vigorar somente após seus autênticos exemplares terem sido revisados pela Penitenciaria Apostólica.[20]

13. A indulgência, anexa a alguma celebração litúrgica, entende-se como transferida para o dia em que tal celebração ou sua solenidade externa legitimamente se transfere.[21]

---

[17] § 1,1º: CS, cann. 283, 4º; EI 1968, n. 13; EI 1986, n. 12.
§ 2: CS, cân. 326 § 1, 10º; EI 1968, n. 13; EI 1986, n. 12
[18] CIC 1917, cân. 239 § 1, 24º; CS, cann. 185 § 1, 24º; EI 1968, n. 14; EI 1986, n. 13.
[19] § 1: CIC 1917, cân. 1388 § 2; EI 1968, n. 15 § 2; EI 1986, n. 14 § 2.
§ 2: CIC 1917, cân. 1388 § 1; EI 1968, n. 15 § 1; CIC 1983, can. 826 § 3; EI 1986, n. 14 § 1.
[20] CIC 1917, cân. 920; EI 1968, n.16; EI 1986, n. 15
[21] CIC 1917, cân. 922; EI 1968, n. 17; EI 1986, n. 16.

14. Para ganhar a indulgência anexa a algum dia, se é exigida visita à igreja ou oratório, esta pode fazer-se desde o meio-dia precedente até a meia-noite do dia determinado.[22]

15. Ganha indulgência parcial o fiel que usa devotamente algum dos seguintes objetos de piedade, bentos segundo o ritual: crucifixo ou cruz, rosário, escapulário, medalha.[23]

16. § 1. A indulgência anexa à visita à igreja não cessa, se o edifício se demolir completamente e seja reconstruído dentro de cinquenta anos no mesmo ou quase no mesmo lugar e sob o mesmo título.

§ 2. A indulgência anexa ao uso de objeto de piedade só cessa quando o mesmo objeto acabe inteiramente ou seja vendido.[24]

17. § 1. Para que alguém seja capaz de lucrar indulgências, deve ser batizado, não estar excomungado e encontrar-se em estado de graça, pelo menos no fim das obras prescritas.

§ 2. O fiel deve também ter intenção, ao menos geral, de ganhar a indulgência e cumprir as ações prescritas, no tempo determinado e no modo devido, segundo o teor da concessão.[25]

18. § 1. A indulgência plenária só se pode ganhar uma vez ao dia; a indulgência parcial, várias vezes.

---

[22] CIC 1917, cân. 923; EI 1968, n. 18; EI 1986, n. 17.

[23] ID, n. 17; EI 1968, n. 19; EI 1986, n. 18

[24] § 1: CIC 1917, cân. 924 § 1 e cân. 75; EI 1968, n. 20 § 1; CIC 1983, cân. 78 § 3; EI 1986, n. 19 § 1

§ 2: CIC 1917, cân. 924 § 2 e cân. 75; EI 1968, n. 20 § 2; CIC 1983, cân. 78 § 3; EI 1986, n. 19 § 2

[25] § 1: CIC 1917, cân. 925 § 1; EI 1968, n. 22 § 1; CIC 1983, cân. 996 § 1; EI 1986, n. 20 § 1.

§ 2: CIC 1917, cân. 925 § 2; EI 1968, n. 22 § 2; CIC 1983, cân. 996 § 2; EI 1986, n. 20 § 2.

§ 2. Contudo, o fiel *in articulo mortis* pode ganhá-la, mesmo que já a tenha conseguido nesse dia.[26]

19. A obra prescrita para alcançar a indulgência plenária, anexa à igreja ou oratório, é a visita: neles se recitam a oração dominical e o símbolo aos apóstolos (Pai-nosso e Creio), a não ser caso especial em que se estabeleça outra coisa.[27]

20. § 1. Para lucrar a indulgência plenária, além da exclusão de todo o afeto a qualquer pecado, mesmo venial, requerem-se a execução da obra enriquecida da indulgência e o cumprimento das três condições seguintes: confissão sacramental, comunhão eucarística e oração nas intenções do Sumo Pontífice.

§ 2. Com uma só confissão podem ganhar-se várias indulgências, mas com uma só comunhão e uma só oração nas intenções do Sumo Pontífice alcança-se uma só indulgência plenária.

§ 3. As três condições podem cumprir-se em vários dias, antes ou depois da execução da ação prescrita; convém, contudo, que tal comunhão e tal oração nas intenções do Sumo Pontífice se pratiquem no próprio dia da obra prescrita.

§ 4. Se falta a devida disposição ou se a obra prescrita e as três condições não se cumprem, a indulgência será só parcial, salvo o que se prescreve nos nn. 24 e 25 em favor dos "impedidos".

§ 5. A condição de rezar nas intenções do Sumo Pontífice se cumpre ao se recitar nessas intenções um Pai-nosso e uma Ave-Maria, mas podem os fiéis acrescentar outras orações conforme sua piedade e devoção.[28]

---

[26] § 1: CIC 1917, cân. 928; ID, n. 6; EI 1968, n. 24 §§ 1 e 3; EI 1986, n. 21 §§ 1 e 3
§ 2: ID, n. 18; EI 1968, n. 24 § 2; EI 1986, n. 21 § 2.
[27] ID, n. 16; EI 1968, n. 25; EI 1986, n. 22.
[28] § 1: ID, n. 7; EI 1968, n. 26; EI 1986, n. 23 § 1.
§ 2: ID, n. 9; EI 1968, n. 28; EI 1986, n. 23 § 2.

21. § 1. Com a obra, a cuja execução alguém está obrigado por lei ou preceito, não se podem ganhar indulgências, a não ser que em sua concessão se diga expressamente o contrário.

§ 2. Contudo, quem executa obra anexa à penitência sacramental e é por acaso indulgenciada, pode ao mesmo tempo satisfazer à penitência e ganhar as indulgências.

§ 3. Igualmente os membros dos Institutos de vida consagrada ou de Sociedades de vida apostólica podem lucrar indulgências pelas preces ou obras piedosas a que são obrigados a oferecer ou executar por força de sua regra ou constituições ou por força de outra prescrição.[29]

22. A indulgência anexa a alguma oração pode ganhar-se em qualquer língua em que esta venha recitada, desde que a tradução seja aprovada pela competente autoridade eclesiástica.[30]

23. Para aquisição de indulgências é suficiente rezar a oração alternadamente com outra pessoa ou segui-la mentalmente, enquanto seja recitada por outrem.[31]

24. Os confessores podem comutar a obra prescrita ou as condições, em favor dos que estão legitimamente impedidos ou impossibilitados de as cumprir por si próprios.[32]

25. Os ordinários ou hierarcas locais podem além disso conceder aos fiéis que são seus súditos segundo a norma do Direito,

---

§ 3: ID, n. 8; EI 1968, n. 27; EI 1986, n. 23 § 3.
§ 4: ID n. 7, in fine; EI 1968, n. 26 in fine; EI 1986, n. 23 § 4.
§ 5: ID, n. 10; EI 1968, n. 29; EI 1986, n. 23 § 5.
[29] § 1: CIC 1917, cân. 932; EI 1968, n. 31; EI 1986, n. 24.
§ 2: CIC 1917, cân. 932; EI 1968, n. 31; EI 1986, n. 24.
§ 3: PA *Responsio ad propositum dubium,* no dia 1º de julho de 1992, AAS 84(1992)935.
[30] CIC 1917, cân. 934 § 2; EI 1968, n. 32; EI 1986, n.25.
[31] CIC 1917, cân. 934 § 3; EI 1968, n. 33; EI 1986, n. 26
[32] CIC 1917, cân. 935, EI 1968, n. 34; EI 1986, n. 27.

e que se encontrem em lugares onde de nenhum modo ou dificilmente possam se confessar e comungar, que também eles possam obter a indulgência plenária sem a atual confissão e comunhão, contanto que estejam de coração contrito e se proponham aproximar-se destes sacramentos logo que possam.[33]

26. Tanto os surdos quanto os mudos podem ganhar as indulgências anexas às orações públicas, se, rezando junto com outros fiéis no mesmo lugar, elevarem a Deus a mente com sentimentos piedosos; e tratando-se de orações em particular, é suficiente que as lembrem com a mente ou as percorram somente com os olhos.[34]

---

[33] ID, n. 11; EI 1968, n. 35; EI 1986, n. 28.
[34] CIC 1917, cân. 936; EI 1968, n. 36; EI 1986, n. 29.

QUATRO CONCESSÕES DE CARÁTER GERAL

INTRODUÇÃO

1. Propõem-se em primeiro lugar quatro concessões de indulgências, com as quais se aconselha o fiel a informar de espírito cristão[35] as ações de sua existência cotidiana e a tender em seu estado de vida à perfeição da caridade.[36]

2. As quatro concessões são de fato de caráter geral e cada uma delas abrange várias obras do mesmo gênero. Contudo, nem todas essas obras são enriquecidas de indulgências, mas só as que são feitas de maneira e intenção particulares.

Considere-se, por exemplo, a primeira concessão, cujos termos são os seguintes: "Concede-se indulgência parcial ao fiel que, no cumprimento de seus deveres e na tolerância das aflições da vida, ergue o espírito a Deus com humilde confiança, acrescentando alguma piedosa invocação, mesmo só em pensamento".

Por essa concessão são enriquecidos de indulgências somente os atos em que o fiel, ao cumprir seus deveres e ao suportar as aflições da vida, eleva o espírito a Deus, como se propõe. Estes atos especiais, pela fraqueza humana, não são tão frequentes.

Mas, se alguém é tão diligente e fervoroso que estende tais atos a vários momentos do dia, então com justiça merece, além de copioso aumento de graça, mais amplo perdão da pena temporal e pode ajudar com mais abundância de méritos as almas do purgatório.

---

[35] Cf. *1Co* 10, 31; *Cl* 3, 17; AA 2-4,13.
[36] Cf. LG 39, 40-42.

Quase o mesmo se deve dizer das outras três concessões.

3. As quatro concessões, como é claro, de modo especial, concordam com o Evangelho e com a doutrina da Igreja, nitidamente expressa pelo Concílio Vaticano II. Para comodidade dos fiéis, os textos tirados da Sagrada Escritura e dos documentos do Concílio, que se referem a cada uma das concessões, se aduzem a seguir.

CONCESSÕES

I

Concede-se indulgência parcial ao fiel que, no cumprimento de seus deveres e na tolerância das aflições da vida, ergue o espírito a Deus com humilde confiança, acrescentando alguma piedosa invocação, mesmo só em pensamento.[37]

Por esta primeira concessão os fiéis, executando o mandato de Cristo: "É preciso orar sempre e não desistir",[38] são como que conduzidos pela mão e ao mesmo tempo aconselhados ao cumprimento de seus deveres, de modo a conservar e aumentar sua união com Cristo.

A intenção da Igreja, ao conceder essa indulgência, é otimamente ilustrada com as seguintes citações retiradas da Sagrada Escritura:

"Pedi e vos será dado, buscai e achareis, batei e vos será aberto; pois todo aquele que pede recebe, o que busca acha, e ao que bate se lhe abrirá".[39]

---

[37] Cf. SPA, Decr. *Pia oblatio quotidiani laboris Indulgentiis ditatur*, 25 de nov. 1961 AAS 53(1961)827; Decr. *Pia oblatio humani doloris indulgentiis ditatur*, 4 de junho de 1962 AAS 54(1962)475; EI 1968e 1986, conc. Gen. I.

[38] *Lc* 18,1.

[39] *Mt* 7,7-8.

"Vigiai e orai para que não entreis em tentação".[40]

"Cuidado para que os vossos corações não fiquem pesados... pelas preocupações da vida... Ficai acordados, portanto, orando em todo o momento".[41]

"Eles mostravam-se assíduos ao ensinamento dos apóstolos, à comunhão fraterna, à fração do pão e às orações".[42]

"Sede alegres na esperança, pacientes na tribulação e perseverantes na oração".[43]

"Quer comais, quer bebais, quer façais qualquer outra coisa, fazei tudo para a glória de Deus".[44]

"Vivei em oração e súplicas. Rezai em todo tempo no Espírito. Guardai vigilância contínua na oração e intercedei por todos os santos".[45]

"E tudo quanto fizerdes por palavras ou obras, fazei em nome do Senhor Jesus, dando graças a Deus Pai, por ele".[46]

"Aplicai-vos com assiduidade e vigilância à oração, acompanhada de ação de graças".[47]

"Orai sem cessar: em todas as circunstâncias dai graças".[48]

E nos documentos do Concílio Vaticano II se lê:

"Portanto, todos os fiéis cristãos nas condições, ofícios ou circunstâncias de sua vida, e através disso tudo, dia a dia, mais se santificarão, se com fé tudo aceitam da mão do Pai celeste e cooperam com a vontade divina, manifestando a todos, no

---

[40] *Mt* 26,41.
[41] *Lc* 21,34-36.
[42] *At* 2,42.
[43] *Rm* 12,12.
[44] *1Cor* 10,31.
[45] *Ef* 6,18.
[46] *Cl* 3,17.
[47] *Cl* 4,2.
[48] *1Ts* 5,17-18.

próprio serviço temporal, a caridade com que Deus amou o mundo".[49]

"Esta vida íntima de união com Cristo na Igreja alimenta-se por meios espirituais que... devem ser de tal sorte utilizados pelos leigos que estes, enquanto cumprem corretamente as funções mesmas do mundo nas condições ordinárias da vida, não separem a união com Cristo de sua vida, mas cresçam nela enquanto realizam o próprio trabalho segundo a vontade de Deus... Nem os cuidados pela família, nem os demais assuntos seculares devem ser estranhos à espiritualidade da sua vida, segundo a expressão do Apóstolo: 'O que quer que fizerdes por palavra ou por ação, fazei-o em nome do Senhor Jesus Cristo, dando graças a Deus Pai por ele' "[50].[51]

"Este divórcio entre a fé professada e a vida cotidiana de muitos deve ser enumerado entre os erros mais graves do nosso tempo... Portanto, não se crie oposição artificial entre as atividades profissionais e sociais de uma parte, e de outra, a vida religiosa... Alegrem-se antes os cristãos porque podem desempenhar todas as atividades terrestres, unindo os esforços humanos, domésticos, profissionais, científicos ou técnicos em síntese vital com os valores religiosos, sob cuja soberana direção todas as coisas são coordenadas para a glória de Deus"[52].

II

Concede-se indulgência parcial ao fiel que, levado pelo espírito de fé, com o coração misericordioso, dispõe de si pró-

---

[49] LG 41.
[50] Cl 3,17.
[51] AA 4.
[52] GS 43.

prio e de seus bens no serviço dos irmãos que sofrem falta do necessário.[53]

O fiel é atraído por esta concessão de indulgência para que, seguindo o exemplo e preceito do Cristo Jesus,[54] execute mais frequentemente obras de caridade ou de misericórdia.

Contudo, nem todas as obras de caridade são enriquecidas de indulgência, mas só as que são feitas "para serviço dos irmãos que sofrem falta do necessário", como comida ou roupa para o corpo, ou consolação para a alma.

"Tive fome e me destes de comer, tive sede e me destes de beber, fui peregrino e me acolhestes, estive nu e me vestistes, enfermo e me visitastes, estava preso e viestes me ver... em verdade vos digo, todas as vezes que fizestes isso a um destes meus irmãos menores, a mim o fizestes". (cf. também Tb 4,7-8; Is 58,7)[55]

"Um novo preceito eu vos dou: que vos ameis uns aos outros. Assim como eu vos amei, amai-vos também uns aos outros. Todos hão de conhecer que sois meus discípulos, se vos amardes uns aos outros".[56]

"Se distribuirdes esmolas, fazei-o com simplicidade... quem exerce a misericórdia, que o faça com afabilidade... Sede cordiais no amor fraterno entre vós. Rivalizai em honrar-vos reciprocamente. Não relaxeis no zelo. Sede fervorosos de espírito. Servi ao Senhor... Socorrei as necessidades dos fiéis. Esmerai-vos na prática da hospitalidade".[57]

---

[53] Cf. SPA, *Indulgentiae apostolicae,* 27 de junho 1963 AAS 55(1963)657-659; EI 1968 e 1986, conc. gen. II.
[54] Cf. *Jo* 13,15; At 10,38.
[55] *Mt* 25,35-36 e 40; cf. também *Tb* 4, 7-8; *Is* 58, 7.
[56] *Jo* 13,34-35.
[57] *Rm* 12, 8.10-11.13.

"E se repartir toda a minha fortuna... mas não tiver a caridade, nada disso me aproveita".[58]

"Por conseguinte, enquanto dispomos de tempo, façamos o bem a todos, especialmente aos irmãos na fé".[59]

"Progredi na caridade segundo o exemplo de Cristo que nos amou".[60]

"Vós mesmos aprendestes de Deus a vos amar uns aos outros".[61]

"Perseverai no amor fraterno".[62]

"A religião pura e imaculada diante de Deus Pai é visitar os órfãos e as viúvas em suas tribulações e conservar-se sem mancha neste mundo".[63]

"Em obediência à verdade, vos purificastes para praticardes um amor fraterno sincero. Amai-vos, pois, uns aos outros ardentemente do fundo do coração".[64]

"Finalmente, tende todos um mesmo sentir, sede compassivos, fraternais, misericordiosos, humildes. Não pagueis mal com mal, nem injúria com injúria. Ao contrário, abençoai, pois fostes chamados para serdes herdeiros da bênção".[65]

"Por estes motivos esforçai-vos quanto possível... para unir à piedade a estima fraterna, e à estima fraterna o amor".[66]

"Quem possuir bens deste mundo e vir o irmão passando necessidade, mas lhe fechar o coração, como poderá estar nele o

---

[58] *1Cor* 13, 3.
[59] *Gl* 6, 10.
[60] *Ef* 5, 2.
[61] *1Ts* 4, 9.
[62] *Hb* 13, 1.
[63] *Tg 1*, 27; cf. *Tg* 2, 15-16.
[64] *1Pd* 1, 22.
[65] *1Pd* 3, 8-9.
[66] *2Pd* 1, 5.7.

amor de Deus? Meus filhinhos, não amemos com palavra nem de boca, mas com obras e verdade".[67]

"Onde quer que haja alguém que carece de comida e bebida, de roupa, casa, medicamentos, trabalho, instrução, de condições necessárias para uma vida realmente humana, que esteja atormentado pelas tribulações ou doença, que sofra exílio ou prisão, aí a caridade cristã deve procurá-lo e descobri-lo, aliviá-lo com carinhosa assistência e ajudá-lo com auxílios oportunos... Para que o exercício desta caridade esteja acima de qualquer crítica e se apresente como tal; olhe-se no próximo a imagem de Deus, segundo a qual foi criado, e o Cristo Senhor, a quem na realidade se oferece o que é dado ao indigente".[68]

"Uma vez que as obras de caridade e misericórdia apresentam testemunho luminoso de vida cristã, a formação apostólica deve levar também à prática dessas obras, para que aprendam os fiéis, desde a infância, a sofrer com os irmãos e a auxiliar de coração generoso os que sofrem".[69]

"Lembrados da palavra do Senhor: 'Nisto todos conhecerão que sois meus discípulos, se vos amardes uns aos outros'[70] os cristãos nada podem desejar mais ardentemente do que prestar serviço aos homens de hoje, com generosidade sempre maior e mais eficaz... Pois o Pai quer que reconheçamos Cristo como irmão em todos os homens e amemos eficazmente tanto em palavras como em atos".[71]

---

[67] *1Jo* 3, 17-18.
[68] AA 8.
[69] AA 31c.
[70] *Jo* 13, 35.
[71] GS 93.

III

Concede-se indulgência parcial ao fiel que se abstém de coisa lícita e agradável, em espírito espontâneo de penitência.[72]

Essa concessão é bem adequada aos nossos tempos nos quais além da lei, por sinal muito leve, da abstinência de carne e do jejum, motiva os fiéis a se exercitarem na penitência.[73]

Assim o fiel é impelido a refrear suas más inclinações, a aprender a sujeitar o corpo e a se conformar com Cristo pobre e paciente.[74]

Pois a penitência tanto mais vale quanto mais se une à caridade, conforme as palavras de São Leão Magno: "Demos à virtude o que subtrairmos ao prazer. Torne-se refeição dos pobres a abstinência do que jejua".[75]

"Se alguém quiser seguir-me, negue-se a si mesmo, tome a cruz cada dia e me siga".[76]

"Digo-vos que, se não vos converterdes, todos vós perecereis do mesmo modo".[77]

"Se pelo Espírito mortificardes as obras da carne, vivereis".[78]

"Soframos com ele, para sermos também com ele glorificados".[79]

"Quem se prepara para a luta abstém-se de tudo, e isto para alcançar uma coroa corruptível; porém nós, para alcançar uma incorruptível. E eu corro, mas não vou sem direção; eu luto, mas

---

[72] EI 1968 e 1986, conc. gen. III.
[73] Cf. Paen. III, c.
[74] Cf. *Mt* 8, 20; 16, 24.
[75] *Sermão 13* (alias: 12) *De ieiunio decimi mensis,* 2 (PL 54, 172).
[76] *Lc* 9, 23; cf. *Lc* 14, 27.
[77] *Lc* 13, 5; cf. *Lc* 13, 3.
[78] *Rm* 8,13.
[79] *Rm* 8, 17.

não como quem dá socos no ar. Porém castigo meu corpo e o domino".[80]

"Trazemos sempre no corpo a morte de Jesus, para que também a vida de Jesus se manifeste em nosso corpo".[81]

"Verdadeira é a palavra. Pois se padecermos com ele, também com ele viveremos. Se com ele sofrermos com ele reinaremos".[82]

"Veio para nos ensinar a renúncia... aos desejos mundanos, para vivermos sóbria, justa e piedosamente neste século".[83]

Deveis alegrar-vos na medida em que participais dos sofrimentos de Cristo, para que, na revelação de sua glória, possais exultar e alegrar-vos.[84]

"Com particular solicitude sejam de tal modo formados na obediência sacerdotal, na vida de pobreza e no espírito de abnegação, que estejam prontos a renunciar até as coisas lícitas... para se conformarem a Cristo crucificado".[85]

"Os fiéis, no entanto, em virtude de seu sacerdócio régio, concorrem na oblação da eucaristia e o exercem na recepção dos sacramentos, na oração e ação de graças, pelo testemunho de uma vida santa, pela abnegação e caridade ativa".[86]

"Todos os que, movidos pelo Espírito de Deus, obedecem à voz do Pai e adoram a Deus Pai em espírito e verdade, cultivamos vários gêneros de vida e ofícios, mas uma única santidade. Eles seguem a Cristo pobre, humilde e carregado com a cruz, para que mereçam ter parte na sua glória".[87]

---

[80] *1Cor* 9, 25-27.
[81] *2Cor* 4, 10.
[82] *2Tm* 2, 11-12.
[83] *Tt* 2, 12.
[84] *1Pd* 4, 13.
[85] OT 9.
[86] LG 10.
[87] LG 41.

"A Igreja convida a todos os fiéis a corresponderem ao preceito divino da penitência que, além das renúncias impostas pelo peso da vida cotidiana, pede alguns atos de mortificação também do corpo... A Igreja quer indicar na tríade tradicional "oração, jejum, caridade" os modos fundamentais para obedecer ao preceito divino da penitência. Ela defendeu a oração e as obras de caridade, mas também, e com insistência, a abstinência de carne e o jejum. Tais modos foram comuns a todos os séculos; todavia, no nosso tempo, motivos particulares existem pelos quais, segundo as exigências dos diversos lugares, é necessário inculcar, de preferência a outras, alguma forma especial de penitência. Por isso, onde quer que seja maior o bem-estar econômico, dever-se-á, de preferência, dar um testemunho de abnegação, a fim de que os filhos da Igreja não sejam envolvidos pelo espírito do mundo; e ao mesmo tempo dever-se-á dar um testemunho de caridade para com os irmãos, também de regiões longínquas, que sofrem de pobreza e de fome".[88]

IV

Concede-se indulgência parcial ao fiel que der espontaneamente um testemunho aberto de fé perante os outros nas circunstâncias particulares da vida cotidiana.

Essa concessão estimula o fiel a professar abertamente sua fé perante os outros, para a glória de Deus e da Igreja.

Santo Agostinho escreveu: "A tua fé seja para ti como um espelho. Contempla-te aí, se crês em tudo o que confessas crer, e alegra-te cotidianamente na tua fé".[89] A vida cristã de cada dia

---

[88] Paen. III c.
[89] *Sermão* 58, 11, 13 (PL 38, 399).

será como um "Amém" concluindo o "Creio" da nossa profissão de fé no Batismo.[90]

"Todo aquele que se declarar a meu favor diante dos homens, também eu me declararei a seu favor diante de meu Pai que está nos céus".[91]

"Muito mais felizes são aqueles que ouvem a palavra de Deus e a põem em prática".[92]

"Sereis minhas testemunhas".[93]

"Diariamente, todos frequentavam o Templo, partiam o pão pelas casas e unidos tomavam a refeição com alegria e simplicidade de coração. Louvavam a Deus e eram estimados por todo o povo".[94]

"A multidão dos fiéis era um só coração e uma só alma.... Com grandes sinais de poder, os apóstolos davam testemunho da ressurreição do Senhor Jesus. E os fiéis eram estimados por todos".[95]

"Vossa fé é celebrada em todo o mundo".[96]

"Se, pois, com a tua boca confessares Jesus como Senhor e, no teu coração, creres... serás salvo. É crendo no coração que se alcança a justiça e é confessando a fé com a boca que se consegue a salvação".[97]

"Combate o bom combate da fé, conquista a vida eterna, para a qual foste chamado e pela qual fizeste tua nobre profissão de fé diante de muitas testemunhas".[98]

---

[90] Cf. CCE 1064.
[91] *Mt* 10, 32.
[92] *Lc* 11, 28.
[93] *At* 1, 8.
[94] *At* 2, 46.
[95] *At* 4, 32-33.
[96] *Rm* 1, 8.
[97] *Rm* 10, 9-10.
[98] *1Tm* 6, 12.

"Não te envergonhes do testemunho de Nosso Senhor".[99]

"Nenhum de vós queira sofrer como assassino, ladrão ou malfeitor, ou por intrometer-se na vida dos outros. Se, porém, alguém sofre como cristão, não se envergonhe. Antes, glorifique a Deus por este nome".[100]

"Todo aquele que proclama que Jesus é o Filho de Deus, Deus permanece com ele, e ele com Deus".[101]

"Mas, para que a caridade como boa semente cresça na alma e frutifique, cada fiel deve voluntariamente ouvir a palavra de Deus e, com o auxílio de sua graça, cumprir por obras sua vontade, participar frequentemente dos sacramentos, sobretudo da Eucaristia, e das sagradas ações, aplicar-se constantemente à oração, à abnegação de si mesmo, ao serviço fraterno atuante e ao exercício de todas as virtudes".[102]

"Os cristãos são chamados, como indivíduos, a exercerem o apostolado nas diversas circunstâncias de sua vida. Lembrem-se, no entanto, que o homem é por natureza social... Exerçam pois os fiéis o apostolado em espírito de unidade. Façam-se apóstolos tanto em suas comunidades familiares quanto nas paroquiais e diocesanas – comunidades que por sua vez exprimem a índole comunitária do apostolado – como também em agrupamentos livres aos quais decidam agregar-se".[103]

"A própria natureza social do homem exige que ele manifeste externamente atos internos de religião, que se comunique com outros em matéria religiosa, que professe sua religião em forma comunitária".[104]

---

[99] *2Tm* 1, 8.
[100] *1Pd* 4, 15-16.
[101] *1Jo* 4, 15.
[102] LG 42.
[103] AA 18.
[104] DH 3.

"Ao povo cristão não lhe basta o estar presente e constituído nalguma nação, nem lhe basta exercer o apostolado do exemplo. Está constituído e acha-se presente para anunciar Cristo aos concidadãos não cristãos, por palavras e obras, e ajudá-los a recebê-lo plenamente".[105]

---

[105] AG 15.

OUTRAS CONCESSÕES

INTRODUÇÃO

1. Às quatro concessões de caráter geral das quais trataram os nn. I-IV, acrescentam-se algumas outras que pareceu oportuno conservar ou atualizar, considerando seja as tradições do passado seja as necessidades do nosso tempo.

Todas estas concessões se completam mutuamente e, ao passo que convidam os fiéis às obras de piedade, caridade e penitência, com o dom da indulgência, os levam a uma união de mais estreito amor ao Cristo e ao seu Corpo místico, a Igreja.[106]

2. Assinalam-se algumas orações dignas de veneração ou por sua inspiração divina ou por sua antiguidade e uso universal.[107] É claro que são citadas apenas como exemplo. Tenha-se diante dos olhos, porém, o que se diz nas normas a respeito do direito dos bispos eparcas ou diocesanos, dos metropolitas, dos patriarcas e dos cardeais.[108] As indulgências concedidas pela devota recitação das orações, cuja lista está relacionada mais adiante, podem ser adquiridas pelos fiéis de qualquer rito, seja qual for a tradição litúrgica à qual, de per si, essas preces pertençam.

3. Essas orações, olhando mais de perto, já estão incluídas na concessão geral n. 1, quando o cristão as recita em seu contexto de vida, com espírito humilde e confiante elevado para Deus.

---

[106] Cf. ID 11.
[107] Por exemplo, o *Creio* (conc. 28 § 2, 3°); *De profundis* (conc .9, 2°); *Magnificat* (conc. 17 § 2, 1º); *Salve Regina* (conc. 17 § 2, 3°); *Sub tuum praesidium* (ibid.); *Actiones nostras* (conc. 26 § 2, 2°); *Agimus tibi gratias* (ibid.).
[108] Cf. nn. 7-10, 11 § 2, 22, 25.

Assim, por exemplo, as orações *"Actiones nostras"* e *"Agimus tibi gratias"* se incluem na primeira concessão, ao se recitarem *"no cumprimento dos deveres"*.

Aprouve, entretanto, assinalar cada uma delas como enriquecidas de indulgência, tanto para tirar qualquer dúvida, como para mostrar seu valor.

4. É evidente que, todas as vezes em que se requer a recitação de orações ou de ladainha ou do ofício parvo para se obter uma indulgência, o texto dessas orações deve ser aprovado pela Autoridade eclesiástica competente. E, naturalmente, a mesma recitação, assim como, no caso de serem prescritos, a visitação ao lugar sagrado, a execução do piedoso exercício ou o uso do objeto de devoção, devem ser realizados com devoção e piedoso afeto de coração. Essa disposição fica registrada expressamente para cada uma das concessões, para que se favoreça a piedade dos fiéis.

5. Para se adquirir a indulgência plenária, como se determina na norma 20, requerem-se a execução da obra, o cumprimento das três condições e a plena disposição da alma que exclui toda afeição ao pecado.

Quanto ao que se refere à indulgência parcial, de acordo com a norma 4, requerem-se a execução da obra e ao menos a contrição do coração.

6. Se a obra, enriquecida com a indulgência plenária, se pode dividir ajustadamente em partes (como o Rosário de Nossa Senhora em dezenas), quem por motivo razoável não terminou a obra por inteiro, pode ganhar a indulgência parcial pela parte que fez.[109]

---

[109] Cf. norma 20 § 4.

7. São dignas de especial menção as concessões que se referem a obras, pelas quais o fiel, executando alguma delas, pode ganhar a indulgência plenária em cada dia do ano, valendo sempre a norma 18, parágrafo 1, segundo a qual só se pode ganhar uma indulgência por dia:
- adoração do Santíssimo Sacramento pelo menos por meia hora (concessão 7 § 1, 1°);
- o piedoso exercício da Via Sacra (concessão 13, 2°);
- recitação do Rosário mariano ou do hino Akathistos na igreja, no oratório ou em família ou na comunidade religiosa, em reunião de fiéis e em geral quando várias pessoas se reúnem para algum fim honesto (concessão 17 § 1, 1° e concessão 23 § 1);
- piedosa leitura ou a escuta da Sagrada Escritura, ao menos por meia hora (concessão 30).

8. As concessões estão relacionadas em ordem alfabética. Para se estabelecer a sequência das orações, consideram-se as primeiras palavras indicadas nos títulos (por exemplo: "Ato de consagração das famílias" – "Adoração e procissão eucarística").

Indicam-se as fontes de onde as orações foram retiradas, somente quando se tratar de textos litúrgicos atualmente em vigor.

Para facilitar aos fiéis o uso do Indulgências — Orientações litúrgico-pastorais, estão anexados, ao final deste volume, três índices:
- fórmulas de súplicas:
- lista dos tempos e ações nos quais se obtém indulgência plenária;
- índice geral.

CONCESSÕES

1

Ato de consagração das famílias

Concede-se *indulgência plenária* aos membros da família que recitarem piedosamente a oração – legitimamente aprovada – diante da imagem do Sacratíssimo Coração de Jesus ou da Sagrada Família, no dia em que pela primeira vez, realizando-se o rito, se possível com a presença de um sacerdote ou de um diácono, ela se consagrar ao Sacratíssimo Coração de Jesus ou à Sagrada Família de Jesus, Maria e José. No dia do aniversário, a *indulgência* será *parcial*.

2

Ato de consagração do gênero humano a Jesus Cristo Rei[110]

Concede-se *indulgência plenária* ao fiel que, na solenidade de Nosso Senhor Jesus Cristo Rei do Universo, recitar publicamente o ato de consagração do gênero humano ao mesmo Jesus Cristo Rei (*Dulcíssimo Jesus, Redentor*); em outras circunstâncias a *indulgência* será *parcial*.

Dulcíssimo Jesus, Redentor do gênero humano, lançai sobre nós, que humildemente estamos prostrados na vossa presença, os vossos

---

[110] EI 1986, conc. 27 (cf. também EI 1968).

olhares. Nós somos e queremos ser vossos; e a fim de podermos viver mais intimamente unidos a vós, cada um de nós se consagra, espontaneamente, neste dia, ao vosso sacratíssimo Coração.

Muitos há que nunca vos conheceram; muitos, desprezando os vossos mandamentos, vos renegaram. Benigníssimo Jesus, tende piedade de uns e de outros e trazei-os todos ao vosso Sagrado Coração.

Senhor, sede rei não somente dos fiéis, que nunca de vós se afastaram, mas também dos filhos pródigos, que vos abandonaram; fazei que estes tornem, quanto antes, à casa paterna, para não perecerem de miséria e de fome.

Sede rei dos que vivem iludidos no erro, ou separados de vós pela discórdia; trazei-os ao porto da verdade e à unidade da fé, a fim de que, em breve, haja um só rebanho e um só pastor.

Senhor, conservai incólume a vossa Igreja, e dai-lhe liberdade segura e sem peias; concedei ordem e paz a todos os povos; fazei que, de um pólo a outro do mundo, ressoe uma só voz: louvado seja o Coração divino, que nos trouxe a salvação; honra e glória a ele, por todos os séculos. Amém.

3

Ato de reparação[111]

Concede-se *indulgência plenária* ao fiel que, na solenidade do Sacratíssimo Coração de Jesus, recitar publicamente o ato de reparação (**Dulcíssimo Jesus**); em outras circunstâncias a *indulgência* será *parcial*.

Dulcíssimo Jesus, cuja infinita caridade para com os homens é por eles tão ingratamente correspondida com esquecimentos, friezas

---

[111] EI 1986, conc. 26.

e desprezos, ei-nos aqui prostrados na vossa presença, para vos desagravarmos, com especiais homenagens, da insensibilidade tão insensata e das nefandas injúrias com que é, de toda a parte, alvejado o vosso amorosíssimo Coração.

Reconhecendo, porém, com a mais profunda dor, que também nós, mais de uma vez, cometemos as mesmas indignidades, para nós, em primeiro lugar, imploramos a vossa misericórdia, prontos a expiar não só as próprias culpas, mas também as daqueles que, errando longe do caminho da salvação, ou se obstinam na sua infidelidade, não vos querendo como pastor e guia, ou, conculcando as promessas do batismo, sacudiram o suavíssimo jugo da vossa santa lei.

De todos esses tão deploráveis crimes, Senhor, queremos nós hoje desagravar-vos, mas, particularmente, da licença dos costumes e imodéstias do vestido, de tantos laços de corrupção armados à inocência, da violação dos dias santificados, das execrandas blasfêmias contra vós e vossos Santos, dos insultos ao vosso Vigário e a todo o vosso Clero, do desprezo e das horrendas e sacrílegas profanações do Sacramento do divino amor, e, enfim, dos atentados e rebeldias das nações contra os direitos e o magistério da vossa Igreja.

Oh! se pudéssemos lavar, com o próprio sangue, tantas iniquidades!

Entretanto, para reparar a honra divina ultrajada, vos oferecemos, juntamente com os merecimentos da Virgem Mãe, de todos os Santos e almas piedosas, aquela infinita satisfação, que vós oferecestes ao Eterno Pai sobre a cruz, e que não cessais de renovar, todos os dias, sobre nossos altares.

Ajudai-nos, Senhor, com o auxílio da vossa graça, para que possamos, como é nosso firme propósito, com a viveza da fé, com a pureza dos costumes, com a fiel observância da lei e caridade evangélicas, reparar todos os pecados cometidos por nós e por nosso próximo, impedir, por todos os meios, novas injúrias à vossa divina Majestade e atrair ao vosso serviço o maior número possível de almas.

Recebei, ó benigníssimo Jesus, pelas mãos de Maria santíssima reparadora, a espontânea homenagem deste nosso desagravo, e concedei-nos a grande graça de perseverarmos constantes, até à morte, no fiel cumprimento dos nossos deveres e no vosso santo serviço, para que possamos chegar todos à pátria bem-aventurada, onde vós com o Pai e o Espírito Santo viveis e reinais, Deus, por todos os séculos dos séculos. Amém.

4

Bênção papal[112]

Concede-se indulgência plenária ao fiel que recebe com piedosa intenção a Bênção *"Urbi et Orbi"* dada pelo Sumo Pontífice, ou dada pelo Bispo aos fiéis confiados ao seu cuidado, conforme a norma 7, 2ª deste livro, ainda que, por motivo razoável, a pessoa não esteja presente fisicamente aos sagrados ritos, mas os acompanhe com piedosa intenção de mente, pela televisão ou pelo rádio.

5

Dias universalmente dedicados a celebrações de algum fim religioso[113]

Concede-se *indulgência plenária* ao fiel que, em algum dia dedicado a se conseguir algum fim religioso (por exemplo, para favorecer as vocações sacerdotais e religiosas, para dedicar-se ao

---

[112] EI 1986, conc. 12 (cf. SPA, decr. *De indulgentiis ope instrumenti televisifici vel radiophonici lucrandis,* 14 de dezembro de1985, AAS 78(1986) 293-294.
[113] Cf. EI 1986, conc. 37.

cuidado pastoral dos doentes e enfermos, para fortalecer os jovens na profissão de sua fé e para conduzi-los a uma vida santa etc.) estiver presente e participar de suas celebrações; quem orar nas intenções supra-mencionadas, conseguirá *indulgência parcial.*

6

Doutrina Cristã[114]

Concede-se indulgência parcial ao fiel que se dedica a ensinar ou a aprender a doutrina cristã.

7

Adoração e procissão eucarística[115]

§ 1. Concede-se *indulgência plenária* ao fiel que:

1º Visitar o Santíssimo Sacramento para adorá-lo pelo menos por meia hora;

2º Recitar piedosamente as estrofes do hino *Tão Sublime Sacramento* na quinta-feira da Semana Santa, na solene deposição do Santíssimo Sacramento, após a Missa da Ceia do Senhor;

3º Participar piedosamente na solene procissão eucarística, a qual certamente será de importância maior na solenidade do

---

[114] EI 1986, conc. 20 (com esta concessão, em virtude da concessão geral II, estende-se ao discípulo a indulgência parcial conseguida pelo mestre).

[115] § 1, 1º: EI 1986, conc. 3.
§ 1, 2º: EI 1986, conc. 59.
§ 1, 4º: EI 1986, conc. 23.
§ 2, 1º: EI 1986, conc. 3.
§ 2, 2º: EI 1986, conc. 4, 40, 59.

Corpo e Sangue de Cristo, realizada fora ou no interior de lugares sagrados;

4° Participar religiosamente do solene rito eucarístico que costuma realizar-se no final dos congressos eucarísticos.

§ 2. Concede-se *indulgência parcial* ao fiel que:

1° Visitar o Santíssimo Sacramento para adorá-lo;

2° Recitar a Jesus no Santíssimo Sacramento da Eucaristia alguma oração legitimamente aprovada (por exemplo o poema *Adoro te devote,* ou a oração *Ó sagrado banquete,* ou as estrofes do *Tão sublime Sacramento*).

Ó sagrado banquete de que somos os convivas, no qual recebemos o Cristo em comunhão! Nele se recorda a sua paixão, o nosso coração se enche de graça e nos é dado o penhor da glória que há de vir.

Tão sublime sacramento
adoremos neste Altar,
pois o Antigo Testamento
deu ao Novo seu lugar.
Venha a fé
por suplemento
os sentidos completar.

Ao Eterno Pai cantemos
e a Jesus o Redentor,
ao Espírito exaltemos
na Trindade eterno amor.
Ao Deus Uno e Trino demos
a alegria do louvor.
Amém.
V/. Do céu lhes destes o pão,
R/. Que contém todo o sabor.

Oremos: Senhor Jesus Cristo, neste admirável Sacramento, nos deixastes o memorial da vossa Paixão. Dai-nos venerar com tão grande amor o mistério do vosso corpo e do vosso sangue, que possamos colher continuamente os frutos da vossa redenção. Vós que viveis e reinais para sempre. R/. Amém.

(*De Sacra Communione et de Cultu Mysterii Eucharistici extra Missam*, 21 de junho de 1973, 200 e 192).

8.
Comunhão eucarística e espiritual[116]

§ 1. Concede-se *indulgência plenária* ao fiel que:

1º Aproximar-se pela primeira vez da sagrada comunhão ou assistir piedosamente a outros que se aproximam pela primeira vez;

2º Recitar piedosamente a oração *Eis-me aqui, ó bom e dulcíssimo Jesus,* diante da imagem de Jesus Cristo Crucificado, após a comunhão, em qualquer sexta-feira do tempo da Quaresma ou na sexta-feira da Paixão do Senhor;

§ 2. Concede-se indulgência parcial ao fiel que, com qualquer fórmula legitimamente aprovada, enunciar:

1º um ato de comunhão espiritual,

2º uma ação de graças após a comunhão (por exemplo, *Alma de Cristo; Eis-me aqui, ó bom e dulcíssimo Jesus*).

---

[116] § 1, 1º: EI 1986, conc. 42.
  § 1, 2º: EI 1986, conc. 22.
  § 2, 1º: EI 1986, conc. 15.
  § 2, 2º: EI 1986, conc. 10 e 22.

Alma de Cristo, santificai-me.
Corpo de Cristo, salvai-me.
Sangue de Cristo, inebriai-me.
Água do lado de Cristo, lavai-me.
Paixão de Cristo, confortai-me.
Ó bom Jesus, ouvi-me.
Dentro de vossas chagas, escondei-me.
Não permitais que me separe de vós.
Do espírito maligno defendei-me.
Na hora da morte chamai-me
e mandai-me ir para vós,
para que com vossos Santos vos louve
por todos os séculos dos séculos.
Amém. (*Miss. Rom., ação de graças depois da missa*)

Eis-me aqui, ó bom e dulcíssimo Jesus! De joelhos me prostro em vossa presença e vos suplico com todo o fervor de minha alma que vos digneis gravar no meu coração os mais vivos sentimentos de fé, esperança e caridade, verdadeiro arrependimento de meus pecados e firme propósito de emenda, enquanto vou considerando com vivo afeto e dor as vossas cinco chagas, tendo diante dos olhos aquilo que o profeta Davi já vos fazia dizer, ó bom Jesus: "Transpassaram minhas mãos e meus pés, contaram todos os meus ossos" (Sl 21,17 [Vg 21] 1718).

(Miss. Rom., *Ação de graças depois da Missa*)

9
Exame de consciência e ato de contrição[117]

Concede-se *indulgência parcial* ao fiel que, especialmente ao se preparar para a confissão sacramental:

1º examinar sua consciência com o propósito de se emendar;
2º recitar piedosamente um ato de contrição, em qualquer uma das fórmulas legítimas (por exemplo: *Confiteor, o salmo De profundis, o salmo Miserere, os salmos graduais, os salmos penitenciais*).

10
Exercícios espirituais e recolhimento mensal[118]

§ 1. Concede-se *indulgência plenária* ao fiel que faz os exercícios espirituais ao menos por três dias inteiros.

§ 2. Concede-se *indulgência parcial* ao fiel que participa do recolhimento mensal.

11
Semana pela unidade dos cristãos[119]

A Igreja Católica tem em altíssima estima a prece de seu Fundador – "Para que todos sejam um" – proferida ao Pai antes de sua Paixão. Por isso mesmo, os fiéis são estimulados com insistência a que orem assiduamente pela unidade dos cristãos.

---

[117] 2º: EI 1986, conc. 2, 19, 33.
[118] § 1: EI 1986, conc. 25.
  § 2: EI 1986, conc. 45.
[119] § 2: EI 1986. conc. 44.

§ 1. Concede-se *indulgência plenária* ao fiel que participar de alguma das funções na semana pela unidade dos cristãos e estiver presente na conclusão da mesma semana.

§ 2. Concede-se *indulgência parcial* ao fiel que recitar devotamente uma oração – legitimamente aprovada – pela unidade dos cristãos (por exemplo: *Ó Deus todo-poderoso e cheio de misericórdia*).

Ó Deus todo-poderoso e cheio de misericórdia, que por vosso Filho quisestes reunir a diversidade das nações num só povo, concedei aos que se gloriam do nome de cristãos rejeitarem toda a divisão e se unirem na verdade e na caridade, e assim todos os homens, iluminados pela luz da verdadeira fé, se reúnam em comunhão fraterna numa só Igreja. Por Cristo, nosso Senhor. Amém.

12

Na hora da morte[120]

§ 1. O sacerdote que administra os sacramentos ao fiel em perigo de vida não deixe de lhe comunicar a bênção apostólica com a *indulgência plenária*.

§ 2. Se não houver sacerdote, a Igreja, mãe compassiva, concede benignamente a mesma indulgência plenária ao cristão bem disposto para ganhá-la na hora da morte, se durante a vida habitualmente tiver recitado para isso algumas orações. Neste caso a Igreja supre as três condições habitualmente requeridas para se ganhar a indulgência plenária.

---

[120] §§ 1-4: EI 1986, conc. 28. (Cf. ID, nn. 6, 18; EI 1968, n. 24 § 2; *Rito da Unção dos Enfermos e sua Assistência Pastoral,* 7 de dezembro 1972, 122; CIC 1983, cân. 530; EI 1986, 21 § 2).

§ 3. Para alcançar essa indulgência plenária, louvavelmente se faça uso de um crucifixo ou de uma cruz.

§ 4. A mesma indulgência plenária em artigo de morte, pode ganhá-la o fiel que no mesmo dia já tenha ganho outra indulgência plenária.

§ 5. Os fiéis sejam oportunamente e muitas vezes informados na catequese a respeito dessa salutar disposição da Igreja.

13

Na memória da Paixão e Morte do Senhor[121]

Concede-se *indulgência plenária* ao fiel que:

1º Na sexta-feira da Paixão e Morte do Senhor, toma parte piedosamente na adoração da Cruz da solene ação litúrgica;

2º Ou quando ele mesmo praticar o piedoso exercício da Via Sacra ou, unindo-se piedosamente ao Sumo Pontífice através da televisão ou rádio, quando este a reza.

Com o piedoso exercício da via-sacra renova-se a memória das dores que sofreu o divino Redentor no caminho do pretório de Pilatos, onde foi condenado à morte, até ao monte Calvário, onde morreu na cruz para a nossa salvação.

Para ganhar a indulgência plenária, determina-se o seguinte:

1. O piedoso exercício deve-se realizar diante das estações da via-sacra, legitimamente eretas.

2. Requerem-se catorze cruzes para erigir a via-sacra; junto com as cruzes, costuma-se colocar outras tantas imagens ou quadros que representam as estações de Jerusalém.

---

[121] 1º: EI 1986, conc. 17.
2º: EI 1986, conc. 63.

3. Conforme o costume mais comum, o piedoso exercício consta de catorze leituras devotas, a que se acrescentam algumas orações vocais. Requer-se piedosa meditação só da Paixão e Morte do Senhor, sem ser necessária a consideração do mistério de cada estação.

4. Exige-se o movimento de uma para a outra estação. Mas, se a via-sacra se faz publicamente e não se pode fazer o movimento de todos os presentes ordenadamente, basta que o dirigente se mova para cada uma das estações, enquanto os outros ficam em seus lugares.

5. Os legitimamente impedidos poderão ganhar a indulgência com uma piedosa leitura e meditação da Paixão e Morte do Senhor ao menos por algum tempo, por exemplo, um quarto de hora.

6. Assemelham-se ao piedoso exercício da via-sacra, também quanto à aquisição da indulgência, outros piedosos exercícios, aprovados pela competente autoridade: neles se fará memória da Paixão e Morte do Senhor, determinando também catorze estações.

7. Entre os orientais, onde não houver uso deste exercício, os Patriarcas poderão determinar, para lucrar esta indulgência, outro piedoso exercício em lembrança da Paixão e Morte de Nosso Senhor Jesus Cristo.

14

Uso de objeto de piedade[122]

§ 1. Concede-se *indulgência plenária* ao fiel que, na solenidade dos Santos Apóstolos Pedro e Paulo, usar devotamente um

---

[122] EI 1986, conc. 35. Para benzer ritualmente objetos de piedade, o sacerdote ou diácono observe as fórmulas litúrgicas próprias do Ritual. Em circunstâncias particulares, o ministro poderá usar a seguinte fórmula breve: "Em nome do Pai e do Filho e do Espírito Santo. Amém" (*Ritual de Bênçãos,* 1165 e 1182).

objeto de piedade, conforme definição da norma de n° 15, bento ritualmente pelo Sumo Pontífice ou qualquer bispo, acrescentando a profissão de fé em qualquer fórmula legítima.

§ 2. Concede-se *indulgência parcial* ao fiel que, de algum modo, usar devotamente um *objeto de piedade,* bento por qualquer sacerdote ou diácono.

15

Oração mental[123]

Concede-se *indulgência parcial* ao fiel que, para sua edificação pessoal, se entrega piedosamente à oração mental.

16

Participação na sagrada pregação[124]

§ 1. Concede-se *indulgência plenária* ao fiel que, no tempo das santas missões, ouvir algumas pregações e participar, além disso, do solene encerramento das mesmas missões.

§ 2. Concede-se *indulgência parcial* ao fiel que assistir atenta e devotamente à sagrada pregação da palavra de Deus.

---

[123] EI 1986, conc. 38.
[124] EI 1986, conc. 41.

17
Orações à Beatíssima Virgem Maria[125]

§ 1. Concede-se *indulgência plenária* ao fiel que:

1º Recitar piedosamente o *Rosário de Maria* na igreja ou oratório ou em família, na comunidade religiosa ou associação de fiéis, e em geral quando várias pessoas se reúnem para algum fim honesto;

2º Unir-se piedosamente na recitação da mesma oração ao Sumo Pontífice, quando este a reza, inclusive através da televisão ou rádio.

Em outras circunstâncias, a *indulgência* será *parcial*.

O Rosário é uma fórmula de oração em que distinguimos vinte dezenas de saudações angélicas, separadas pela oração dominical e em cada uma recordamos em piedosa meditação os mistérios da nossa redenção.

Para a indulgência plenária anexa à recitação do Rosário determina-se o seguinte:

a. É suficiente a reza, sem interrupção, de cinco dezenas.
b. Piedosa meditação dos mistérios deve acompanhar a oração vocal.
c. Na recitação pública, devem-se anunciar os mistérios, conforme o costume aprovado no lugar; na recitação privada, basta que o fiel una a meditação dos mistérios à oração vocal.

---

[125] § 1, 1º: EI 1986, conc. 48; cf. JOÃO PAULO II, Carta Apostólica *Rosarium Virginis Mariae* AAS 95 (2003) 5-36.
Para o hino *Akathistos* e o ofício *Paraclasis,* ver mais adiante, conc. 23.
§ 2, 1º: EI 1986, conc. 30.
§ 2, 2º: EI 1986, conc. 9.
§ 2, 3º: EI 1986, conc. 32, 51, 57. Para as novenas, as ladainhas e os ofícios breves da B. A. V. Maria, ver mais adiante, conc. 22.

§ 2. Concede-se *indulgência parcial* ao fiel que:

1º Recitar piedosamente o cântico do *Magnificat;*

2º Recitar piedosamente pela manhã, ou ao meio-dia, ou pela tarde, a oração *O Anjo do Senhor* com os versículos prescritos e a oração; ou, no tempo pascal, a antífona *Rainha do céu*, igualmente com a oração costumeira.

3º Rezar piedosamente alguma oração aprovada à Beatíssima Virgem Maria (por exemplo: *Maria, mãe da graça; Lembrai-vos, ó piíssima Virgem Maria; Salve, Rainha; Santa Maria, socorrei os pobres; À vossa proteção*).

Compete às conferências episcopais o cuidado de acrescentar nas edições do Indulgências - Orientações litúrgico-pastorais, conforme as várias línguas, as orações marianas mais usadas em seus territórios e mais queridas pelos seus fiéis.

Anjo do Senhor

℣. O anjo do Senhor anunciou a Maria.
℟. E ela concebeu do Espírito Santo.
Ave, Maria…
℣. Eis aqui a serva do Senhor.
℟. Faça-se em mim segundo a vossa palavra.
Ave, Maria…
℣. E o Verbo se fez carne.
℟. E habitou entre nós.
Ave, Maria…
℣. Rogai por nós, santa Mãe de Deus,
℟. Para que sejamos dignos das promessas de Cristo.

Oremos: Derramai, ó Deus, a vossa graça em nossos corações, para que, conhecendo pela mensagem do Anjo a encarnação do vosso Filho, cheguemos, por sua paixão e cruz, à glória da ressurreição. Por Cristo, nosso Senhor. Amém. *(Missal Romano, IV Domingo do Adv., coleta.)*

Rainha do céu

Rainha do céu, alegrai-vos, aleluia!
Pois o Senhor que merecestes trazer em vosso seio, aleluia.
Ressuscitou, como disse, aleluia.
Rogai a Deus por nós, aleluia.
℣. Alegrai-vos e exultai, ó Virgem Maria, aleluia!
℟. Porque o Senhor ressuscitou verdadeiramente, aleluia!

(Cf. Lit. Hor., ord. temp. pasc., após compl.)

Oremos: Ó Deus, que vos dignastes alegrar o mundo com a ressurreição do vosso Filho, concedei-nos por sua Mãe, a Virgem Maria, o júbilo da vida eterna. Por Cristo, nosso Senhor. Amém. *(Miss. Rom., comum da B.V. Maria, temp. pasc., coleta.)*

Maria, ó Mãe da graça

Maria, ó Mãe da graça,
ó Mãe da misericórdia,
do inimigo defendei-me,
na hora da morte acolhei-me!

Lembrai-vos, ó piíssima Virgem Maria, que nunca se ouviu dizer que algum daqueles que recorreram à vossa proteção, imploraram vossa assistência, reclamaram vosso socorro, fosse por vós desamparado. Animado eu, pois, com igual confiança, a vós, Virgem entre todas singular, como a Mãe recorro; de vós me valho e, gemendo sob o peso de meus pecados, me prostro aos vossos pés. Não desprezeis as minhas súplicas, ó Mãe do Filho de Deus humanado, mas dignai-vos de as ouvir propícia e de me alcançar o que vos rogo. Amém.

Salve, Rainha, mãe de misericórdia, vida, doçura e esperança nossa, salve! A vós bradamos os degredados filhos de Eva; a vós suspiramos, gemendo e chorando neste vale de lágrimas! Eia, pois, advogada nossa, esses vossos olhos misericordiosos a nós volvei, e depois deste desterro mostrai-nos Jesus, bendito fruto do vosso ventre! Ó clemente, ó piedosa, ó doce sempre Virgem Maria. *(Lit. Hor., no final das Completas.)*

Santa Maria, socorrei os pobres, ajudai os fracos, consolai os tristes, rogai pelo povo, auxiliai o clero, intercedei por todas as mulheres: sintam todos a vossa ajuda, todos os que celebram a vossa memória.

À vossa proteção recorremos, santa Mãe de Deus; não desprezeis as nossas súplicas em nossas necessidades, mas livrai-nos sempre de todos os perigos, ó Virgem gloriosa e bendita. *(Lit. Hor., no final das Completas.)*

18

Oração ao Anjo da Guarda[126]

Concede-se *indulgência parcial* ao fiel que invocar piedosamente o seu próprio Anjo da guarda com uma oração legitimamente aprovada (por exemplo, *Santo Anjo do Senhor*).

Santo Anjo do Senhor, meu zeloso guardador,
se a ti me confiou a piedade divina,
sempre me rege, guarda, governa
e ilumina. Amém.

---

[126] EI 1986, com. 8.

19

Oração em honra de São José[127]

Concede-se *indulgência parcial* ao fiel que invocar piedosamente a São José, esposo da Beatíssima Virgem Maria, através de uma oração legitimamente aprovada (por exemplo: *A vós, São José*).

A vós, São José, recorremos em nossa tribulação e, depois de ter implorado o auxílio de vossa santíssima esposa, cheios de confiança solicitamos também o vosso patrocínio. Por esse laço sagrado de caridade que vos uniu à Virgem Imaculada Mãe de Deus, e pelo amor paternal que tivestes ao Menino Jesus, ardentemente suplicamos que lanceis um olhar benigno sobre a herança que Jesus Cristo conquistou com seu sangue, e nos socorrais em nossas necessidades com o vosso auxílio e poder. Protegei, ó guarda providente da divina família, o povo eleito de Jesus Cristo. Afastai para longe de nós, ó pai amantíssimo, a peste do erro e do vício. Assisti-nos do alto do céu, ó nosso fortíssimo sustentáculo, na luta contra o poder das trevas, e assim como outrora salvastes da morte a vida ameaçada do Menino Jesus, assim também defendei agora a Santa Igreja de Deus das ciladas de seus inimigos e de toda a adversidade.

Amparai a cada um de nós com o vosso constante patrocínio, a fim de que, a vosso exemplo e sustentados com o vosso auxílio, possamos viver virtuosamente, morrer piedosamente e obter no céu a eterna bem-aventurança. Amém.

---

[127] EI 1986, conc. 6. Para as ladainhas e o ofício breve de S. José, ver mais adiante, conc. 22, 2º-3º.

20

Oração em honra dos Santos Apóstolos Pedro e Paulo[128]

Concede-se *indulgência parcial* ao fiel que recitar devotamente a oração aos *Santos Apóstolos Pedro e Paulo*.

Santos Apóstolos Pedro e Paulo, intercedei por nós.
Protegei, Senhor, o vosso povo, que confia na proteção dos vossos Apóstolos Pedro e Paulo, e conservai-o com a vossa contínua defesa. Por Cristo, nosso Senhor. Amém.

21

Oração em honra de outros Santos e dos Beatos[129]

§ 1. Concede-se *indulgência parcial* ao fiel que, no dia da celebração litúrgica de qualquer Santo, recitar em sua honra a oração tomada do Missal ou outra legitimamente aprovada.

§ 2. Além disso, para favorecer a veneração e piedade para com os novos Santos ou Beatos, concede-se por uma só vez *indulgência plenária* ao fiel que visitar as igrejas ou oratórios nos quais se celebrarem solenidades anuais em honra dos mesmos santos, e aí recitar o Pai-nosso e o Creio; concede-se *indulgência*

---

[128] EI 1986, conc. 53.
[129] § 1: EI 1986, conc. 54. Para as ladainhas dos Santos, ver mais adiante, conc. 22, 2°.
§ 2: SPA, decr. 12 de setembro de 1968. Cf. SCR, Instr. *De celebrationibus quae in honorem alicuius Sancti vel Beati intra annum a Canonizatione vel Beatificatione peragi solent* AAS 60 (1968) 602, ad. 5.

parcial àquele que, no mesmo espaço de tempo, realizar piedosamente a visita mencionada.

22

Novenas, ladainhas e ofícios breves[130]

Concede-se *indulgência parcial* ao fiel que:

1º Assistir devotamente às novenas públicas (por exemplo, as que se fazem antes das solenidades do Natal, de Pentecostes e da Imaculada Conceição).

2º Recitar piedosamente as ladainhas aprovadas (por exemplo: do *Santíssimo Nome de Jesus,* do *Sagrado Coração de Jesus,* do *Preciosíssimo Sangue de Nosso Senhor Jesus Cristo,* da *Santíssima Virgem Maria,* de *São José,* de *Todos os Santos).*

3º Recitar piedosamente um ofício breve legitimamente aprovado (por exemplo: da *Paixão de Nosso Senhor Jesus Cristo,* do *Sagrado Coração de Jesus,* da *Santíssima Virgem Maria,* da *Imaculada Conceição,* de *São José*).

23

Orações das Igrejas Orientais[131]

Em virtude da catolicidade, "cada uma das partes da Igreja traz seus próprios dons às demais partes e a toda a Igreja. Assim, o

---

[130] 1º: EI 1986, conc. 34.
2º: EI 1986, conc. 29.
3º: EI 1986, conc. 36.
[131] § 1: EI 1986, conc. 48, 4; PA, decr. *Mater Christi,* 31 de maio de 1991 (Prot. N. 36/91/I).

todo e cada uma das partes se enriquecem" (LG 13) de todos os dons espirituais concedidos pela bondade divina. Disto resultou que as orações das várias tradições orientais se tenham espalhado também entre os fiéis de rito latino, especialmente nos últimos anos, e têm sido utilizadas, tanto em particular como em público, com razoável ganho da piedade religiosa.

§ 1. Concede-se *indulgência plenária* ao fiel que recitar devotamente o hino *Akathistos* ou o ofício *Paráclisis* na igreja ou oratório, ou em família, na comunidade religiosa, em uma associação de fiéis e um grupo de fiéis reunidos para um fim honesto. Em outras circunstâncias, a *indulgência* será *parcial*.

No que se refere ao hino Akathistos, não se requer a recitação inteira para se adquirir a indulgência plenária, mas basta a recitação contínua de alguma parte conveniente, conforme o legítimo costume.

Entre os fiéis orientais, onde não haja o costume dessas devoções, gozam das mesmas indulgências exercícios semelhantes em honra da bem-aventurada Virgem Maria, instituídos pelos Patriarcas.

§ 2. Concede-se *indulgência parcial* ao fiel que, de acordo com as circunstâncias e a situação, recitar devotamente alguma das seguintes orações: *Oração em ação de graças* (da tradição Armênia); *Oração vespertina, Oração pelos defuntos (*da tradição bizantina); *Oração do Santuário, Oração "Lakhu Mara" ou "A ti, Senhor"* (da tradição caldaica); *Oração para incensação, Oração em honra à Virgem Maria* (da tradição copta); *Oração para o perdão dos pecadores, Oração para alcançar o seguimento de Cristo* (da tradição etíope); *Oração pela Igreja, Oração depois de terminada a Liturgia (*da tradição maronita); *Intercessões pelos defuntos, da Liturgia de São Tiago (*da tradição sírio-antioquena).

24

Oração pelos benfeitores[132]

Concede-se *indulgência parcial* ao fiel que, levado por uma disposição de gratidão sobrenatural, recitar uma oração pelos benfeitores, legitimamente aprovada (por exemplo, *Dignai-vos retribuir, Senhor*).

Dignai-vos retribuir, Senhor, a vida eterna a todos os que nos fazem o bem por causa do vosso nome. Amém.

25

Oração pelos pastores[133]

Concede-se *indulgência parcial* ao fiel que:

1º Recitar devotamente, em espírito de devoção filial, alguma oração pelo Sumo Pontífice legitimamente aprovada (por exemplo: *Oremos pelo nosso Pontífice*);

2º Igualmente, se recitar por seu Bispo eparca ou diocesano, no início ou no aniversário de seu ministério pastoral, a oração retirada do Missal.

Oremos pelo Pontífice

℣. Oremos pelo nosso Pontífice N.

℟. O Senhor o conserve, o anime, e o torne feliz na terra, e não o entregue ao poder dos seus inimigos.

---

[132] EI 1986, conc. 47.
[133] 1º: EI 1986, conc. 39.

26

Preces de súplica e ação de graças[134]

§ 1. Concede-se *indulgência plenária* ao fiel que, na igreja ou no oratório, participar devotamente do canto ou recitação solene:

1º Do hino *Veni, Creator,* ou no primeiro dia do ano para implorar a proteção divina para todo o ano, ou na solenidade de Pentecostes;

2º Do hino *Te Deum,* no último dia do ano, para render graças a Deus pelos benefícios concedidos no decurso de todo o ano;

§ 2. Concede-se *indulgência parcial* ao fiel que:

1º começando e concluindo o dia;
2º no começo e na conclusão de uma tarefa;
3º antes e depois da refeição,
proferir devotamente alguma oração de súplica e ação de graças legitimamente aprovada, por exemplo:

Inspirai, ó Deus, as nossas ações e ajudai-nos a realizá-las, para que em vós comece e em vós termine tudo aquilo que fizermos. Por Cristo nosso Senhor. Amém. *(Oração para pedir o auxílio divino antes de qualquer tarefa; Miss. Rom., coleta da quinta-feira após as Cinzas; Lit. Hor., I sem. segunda-feira, Laudes.)*

Aqui estamos, Divino Espírito Santo, aqui estamos detidos pela crueldade do pecado, mas especialmente reunidos em vosso nome.

---

[134] § 1, 1º: EI 1986, conc. 61.
§ 1, 2º: EI 1986, conc. 60.
§ 2: EI 1986, conc. 1, 5, 7, 21, 24, 60, 61, 62, 64.

Vinde a nós, ficai conosco e dignai-vos entrar em nossos corações.

Ensinai-nos o que devemos fazer e por onde caminhar; mostrai-nos o que devemos executar, a fim de podermos, com vosso auxílio, agradar-vos em tudo.

Só vós nos inspirais e levais a realizar nossos propósitos, só vós, que possuís com Deus Pai e seu Filho um nome glorioso.

Não permitais sejamos perturbadores da justiça, vós que amais a equidade em tudo. Que a ignorância não nos arraste para o mal, não nos dobre a adulação, não nos corrompa a acepção de pessoas ou ambição de cargos.

Mas associai-nos a vós eficazmente pelo dom de vossa graça, para que sejamos um em vós, e por nada nos desviemos da verdade. Unidos em vosso nome, conservemos em tudo a justiça com a bondade. E assim nossas resoluções em nada se apartem de vós e consigamos no futuro o prêmio eterno por todo o bem que fizermos. Amém. *(Oração antes de reunião para tratar de negócios comuns)*

Nós vos damos graças, Senhor, por todos os vossos benefícios. Vós que viveis e reinais pelos séculos dos séculos. Amém. *(Prece para ação de graças)*

Abençoai, Senhor, a nós e a estes dons, que de vossa bondade recebemos. Por Cristo Nosso Senhor. Amém. *(Ritual de Bênçãos, 785)*

Senhor Deus todo-poderoso, que nos fizestes chegar ao começo deste dia, salvai-nos hoje com o vosso poder, para não cairmos em nenhum pecado e fazermos sempre a vossa vontade em nossos pensamentos, palavras e ações. Por nosso Senhor Jesus Cristo, vosso Filho, na unidade do Espírito Santo. Amém. *(LH, segunda-feira da II semana, Laudes)*

Ouvi-nos, Senhor santo, Pai todo-poderoso, Deus eterno, e dignai-vos mandar do céu o vosso santo anjo, para que ele guarde, assista, proteja, visite e defenda todos os que moram nesta casa. Por Cristo, nosso Senhor. Amém.

Vinde, ó Santo Espírito, enchei os corações de vossos fiéis e acendei neles o fogo do vosso amor.*(LH, Domingo de Pentecostes)*

Visitai, Senhor, esta casa, e afastai as ciladas do inimigo; nela habitem vossos santos Anjos, para nos guardar na paz, e a vossa bênção fique sempre conosco. Por Cristo, nosso Senhor. Amém. *(LH, Completas das solenidades)*

27

Primeira missa do neo-sacerdote e celebrações jubilares de ordenações[135]

§ 1. Concede-se *indulgência plenária:*

1º Ao sacerdote que, em dia marcado, celebra sua primeira missa, diante do povo;

2º Aos fiéis que devotamente a ela assistem.

§ 2. Concede-se igualmente *indulgência plenária:*

1º Aos que, celebrando os 25, 50, 60 anos de sua ordenação sacerdotal, renovam diante de Deus o propósito de fidelidade aos deveres de sua vocação;

2º Aos bispos que no aniversário de 25, 40 e 50 anos de ordenação episcopal renovam diante de Deus o propósito de fidelidade aos deveres de sua vocação;

3º Aos fiéis que participam devotamente da celebração da Missa jubilar.

---

[135] § 1: EI 1986, conc. 43.
§ 2, 1º: EI 1986, conc. 49.
§ 2, 3º: EI 1986, conc. 49.

28

Profissão de fé e atos de virtudes teologais[136]

§ 1. Concede-se *indulgência plenária* ao fiel que, na celebração da Vigília Pascal ou no dia do aniversário de seu batismo, renovar as promessas batismais em alguma fórmula legitimamente aprovada.

§ 2. Concede-se *indulgência parcial* ao fiel que:

1º Renovar as promessas batismais em qualquer fórmula;

2º Ao fiel que faça devotamente o sinal da cruz, proferindo as palavras costumeiras: *Em nome do Pai e do Filho e do Espírito Santo. Amém.*

3º Recitar piedosamente o símbolo dos apóstolos ou o Símbolo Niceno-constantinopolitano;

4º recitar atos de fé, esperança e caridade em qualquer fórmula legítima.

29

Pelos fiéis defuntos[137]

§ 1. Concede-se *indulgência plenária,* aplicável somente às almas do purgatório, ao fiel que:

---

[136] § 1: EI 1968, conc. 70.
§ 2, 1º: EI 1968, conc. 70.
§ 2, 2º: EI 1986, conc. 55.
§ 2, 3º: EI 1986, conc. 16.
§ 2, 4º: EI 1986, conc. 2. (A cada um dos atos está anexada a indulgência).

[137] § 1, 1º: EI 1986, conc. 13.
§ 1, 2º: EI 1986, conc. 67 (ver também a norma 19).
§ 2, 1º: EI 1986, conc. 13.
§ 2, 2º: EI 1986, conc. 18, 46.

1º Visitar devotamente o cemitério, a cada dia, de primeiro a oito de novembro, e aí rezar pelos defuntos, mesmo que só mentalmente;

2º Visitar piedosamente uma igreja ou oratório e aí recitar o *Pai--nosso* e o *Creio,* no dia da comemoração de todos os fiéis defuntos (ou, com o consentimento do Ordinário, no domingo antecedente ou subsequente ao dia da solenidade de todos os santos).

§ 2. Concede-se *indulgência parcial,* aplicável somente às almas do purgatório, ao fiel que:

1º Visitar devotamente o cemitério e rezar pelos defuntos, mesmo que só mentalmente;

2º Recitar as *Laudes* ou as *Vésperas* do Ofício dos Defuntos ou a invocação *Dai-lhes, Senhor, o repouso eterno.*

Compete às conferências episcopais o cuidado de acrescentar nas edições do Indulgências - orientações litúrgico-pastorais, nas várias línguas, as preces pelos defuntos mais usadas em seus territórios e mais caras aos fiéis.

Dai-lhes, Senhor, o repouso eterno, e brilhe para eles a vossa luz. Descansem em paz! Amém. *(cf. Rito das exéquias)*

30

Leitura da Sagrada Escritura[138]

§ 1. Concede-se *indulgência plenária* ao fiel que, pelo menos por meia hora, com a veneração devida à palavra divina e a modo de leitura espiritual, ler a Sagrada Escritura, de acordo com texto aprovado pela autoridade competente; se a leitura se estender por menos tempo, a *indulgência* será *parcial*.

---

[138] § 1: EI 1986, conc. 50.

§ 2. Se, por causa razoável, alguém não puder ler, concede-se indulgência – *plenária ou parcial,* como acima – se o texto da Sagrada Escritura for lido por uma outra pessoa, ou for reproduzido em vídeo ou áudio.

31

Sínodo diocesano[139]

Concede-se *indulgência plenária* uma só vez ao fiel que, no tempo do sínodo diocesano, visitar piedosamente a igreja em que o sínodo se reúne e aí recitar o *Pai-nosso* e o *Creio*.

32

Visita pastoral[140]

Concede-se *indulgência plenária,* apenas por uma vez, ao fiel que, no tempo da visita pastoral, assistir a uma função sagrada, presidida pelo visitador.

33

Visitas a lugares sagrados[141]

§ 1. Concede-se *indulgência plenária* ao fiel que visitar com devoção e aí recitar o *Pai-nosso* e o *Creio*:

---

[139] EI 1986, conc. 58.
[140] EI 1986, conc. 69.
[141] § 1, 1º: EI 1986, conc. 11.
§ 1, 2º: cf. SCR, decr. *Domus Dei,* 6 de junho de 1968, AAS 60(1968)536-539. As indulgências indicadas nas letras *b* e *c* podem ser lucradas tanto no dia acima indicado, como

1º Uma das quatro Basílicas Patriarcais de Roma, ou em peregrinação com outras pessoas, ou ao menos no correr da visitação demonstrando sentimento de filial obediência para com o Romano Pontífice;

2º Uma basílica menor:
    a) na solenidade dos Santos Apóstolos Pedro e Paulo,
    b) na solenidade do titular,
    c) no dia dois de agosto, por ocasião da indulgência da "Porciúncula";
    d) uma vez no ano, em dia escolhido pelo fiel;

3º A igreja catedral:
    a) na solenidade dos Santos Apóstolos Pedro e Paulo,
    b) na solenidade do titular,
    c) na celebração litúrgica da Cátedra de São Pedro Apóstolo,
    d) na dedicação da Arquibasílica do Santíssimo Salvador,
    e) no dia 2 de agosto, no qual ocorre a indulgência da Porciúncula.

4º Um santuário constituído pela autoridade competente, seja internacional, seja nacional, seja diocesano:
    a) na solenidade do titular,
    b) uma vez no ano, em dia escolhido pelo fiel,
    c) todas as vezes em que, em grupo, participar de uma peregrinação;

5º A igreja paroquial:
    a) na solenidade do titular,
    b) no dia 2 de agosto, no qual ocorre a indulgência da Porciúncula.

6º A igreja ou altar, no mesmo dia de sua dedicação.

7º A igreja ou oratório dos Institutos de vida consagrada ou de Sociedades de vida apostólica, no dia dedicado ao seu fundador.

§ 2. Igualmente concede-se *indulgência plenária* ao fiel que participar das sagradas funções em alguma Igreja Estacional em seu próprio dia; a *indulgência* será *parcial* se devotamente a visitar.

§ 3. Concede-se *indulgência parcial* ao fiel que devotamente visitar um antigo cemitério dos cristãos ou "catacumba".

---

em outro dia estabelecido pelo Ordinário, tendo em conta a utilidade dos fiéis. A mesma coisa vale para o n. 3º, letras *b* e *e;* para o n. 4º, letra *a*; para o n. 5º, letras *a* e *b*.

§ 1, 3º: EI 1986, conc. 65.
§ 1, 4º: Cf. CIC, cân. 1230-1234.
§ 1, 5º: EI 1986, conc. 65. Gozam das mesmas indulgências a igreja catedral, mesmo que não seja paroquial e as Igrejas quase paroquiais: cf. CIC, cân. 516 § 1. Para os navegadores e marítimos, cf. JOÃO PAULO II, motu proprio *Stella Maris:* AAS 89 (19970209-216).
§ 1, 6º: EI 1986, conc. 66.
§ 1, 7º: EI 1986, conc. 68.
§ 2: EI 1986, conc. 56. Cf CB 260-261.
§ 3: EI 1986, conc. 14.

APÊNDICE

PIEDOSAS INVOCAÇÕES

Para as piedosas invocações note-se quanto segue:

1. A invocação, quanto à indulgência, não se considera mais como obra distinta ou completa, mas como complemento da obra, com a qual o fiel eleva o espírito a Deus com humilde confiança no cumprimento de seus deveres e na tolerância das aflições da vida. A piedosa invocação completa essa elevação do espírito: ambas são como pedra preciosa que se insere nas atividades humanas e as adorna, ou como o sal que tempera e dá sabor.

2. Deve-se preferir a invocação que melhor concorda com as circunstâncias das ações e da pessoa: ela espontaneamente brota do coração e escolhem-se as que o uso antigo mais aprovou; delas se acrescenta uma lista, abaixo.

3. A invocação pode ser brevíssima, expressa em uma ou poucas palavras ou só concebida mentalmente.

Apraz dar alguns exemplos: Deus meu. Pai.[142] Jesus. Louvado seja Jesus Cristo (*ou outra saudação em uso*). Creio em vós, Senhor. Espero em vós. Eu vos amo. Tudo por vós. Eu vos agradeço ou Graças a Deus. Bendito seja Deus ou Bendigamos ao Senhor. Venha a nós o vosso reino. Seja feita a vossa vontade. Seja como Deus quiser. Ajudai-me, Senhor. Confortai-me. Ou-

---

[142] Cf. *Rm* 8, 15 e *Gl* 4, 6.

vi-me ou Atendei à minha oração. Salvai-me. Tende piedade de mim. Perdoai-me, Senhor. Não permitais que eu me separe de vós. Não me abandoneis. Ave, Maria. Glória a Deus nos céus. Senhor, vós sois grande.[143] Todo teu.

---

[143] Cf. *Jt* 16, 16 e *Sl* 85 (84), 10.

INVOCAÇÕES EM USO

que se dão como exemplo[144]

"Nós vos adoramos, ó Cristo, e vos bendizemos, porque pela vossa santa cruz remistes o mundo."
"Bendita seja a Santíssima Trindade."
"Cristo vence! Cristo reina! Cristo impera!"
"Coração de Jesus que tanto me amais, fazei que eu vos ame cada vez mais."
"Coração de Jesus, confio em vós."
"Coração de Jesus, tudo por vós."
"Coração sacratíssimo de Jesus, tende piedade de nós."
"Meu Deus e meu tudo."
"Ó Deus, compadecei-vos de mim, pecador."[145]
"Dignai-vos que eu vos louve, ó Virgem santa, dai-me força contra vossos inimigos."
"Ensinai-me a fazer a vossa vontade, porque sois o meu Deus."[146]
"Senhor, aumentai a nossa fé."[147]
"Senhor, faça-se a unidade das mentes na verdade, e a unidade dos corações na caridade."
"Senhor, salvai-nos, pois perecemos."[148]
"Meu Senhor e meu Deus!"[149]

---

[144] Muitas outras invocações encontram-se nos livros comuns de piedade.
[145] *Lc* 18, 13.
[146] *Sl* 143 (142), 10.
[147] *Lc* 17, 5.
[148] *Mt* 8, 25.
[149] *Jo* 20, 28.

"Doce Coração de Maria, sede a minha salvação."

"Glória ao Pai, ao Filho e ao Espírito Santo."

"Jesus, Maria, José."

"Jesus, Maria, José, eu vos dou meu coração e minha alma!"

"Jesus, Maria, José, assisti-me em minha última agonia."

"Jesus, Maria, José, na paz dormirei convosco e descansarei."

"Jesus manso e humilde de coração, fazei nosso coração semelhante ao vosso."

"Graças e louvores sejam dados a todo momento ao santíssimo e diviníssimo Sacramento."

"Ficai conosco, Senhor."[150]

"Mãe dolorosa, rogai por nós."

"Sois minha mãe e minha confiança."

"Enviai, Senhor, operários à vossa messe."[151]

"A Virgem Maria com seu santo Filho nos abençoe."

"Salve, ó Cruz, única esperança."

"Todos os Santos e Santas de Deus, rogai por nós."

"Rogai por nós, santa Mãe de Deus, para que sejamos dignos das promessas de Cristo."

"Pai, em vossas mãos entrego o meu espírito."[152]

"Ó piedoso Senhor Jesus, dai-lhes o descanso."

"Rainha concebida sem pecado original, rogai por nós."

"Santa Mãe de Deus, sempre Virgem Maria, intercedei por nós."

"Santa Maria, Mãe de Deus, rogai por mim."

"Tu és o Cristo, o Filho do Deus vivo."[153]

---

[150] Cf. *Lc* 24, 29.
[151] Cf. *Mt* 9, 38.
[152] *Lc* 23, 46; cf. *Sl* 31(30), 6.
[153] *Mt* 16, 16.

URBIS ET ORBIS
DEUS CUIUS MISERICORDIAE

DECRETO

Anexadas indulgências aos atos de culto, realizados em honra da Misericórdia Divina.

"A tua misericórdia, ó Deus, não conhece limites, e é infinito o tesouro da tua bondade... (Oração depois do Hino "Te Deum") e "Ó Deus, que revelas a tua onipotência sobretudo com a misericórdia e com o perdão..." (Oração do Domingo XXVI do Tempo Comum), canta humilde e fielmente a Santa Mãe Igreja. De fato, a imensa condescendência de Deus, tanto em relação ao gênero humano no seu conjunto como ao de cada homem individualmente, resplandece de maneira especial quando pelo próprio Deus onipotente são perdoados pecados e defeitos morais, e os culpados são paternalmente readmitidos na sua amizade, que merecidamente perderam.

Os fiéis com profundo afeto da alma são por isso atraídos para comemorar os mistérios do perdão divino e para os celebrar plenamente, e compreendem de maneira clara a máxima conveniência, aliás, o dever de que o Povo de Deus louve com fórmulas particulares de oração a Misericórdia Divina e, ao mesmo tempo, cumpra com sentimentos de gratidão as obras pedidas, e tendo cumprido as devidas condições, obtenha vantagens espirituais derivadas do Tesouro da Igreja. "O mistério pascal é o ponto culminante desta revelação e atuação da misericórdia, que é capaz de justificar o homem e de restabelecer a justiça como realização daquele desígnio salvífico que Deus, desde o princípio, tinha querido realizar no homem e, por meio do homem, no mundo" (Carta enc. *Dives in misericordia,* 7).

Na realidade, a Misericórdia Divina sabe perdoar até os pecados mais graves, mas, ao fazê-lo, estimula os fiéis a conceber uma dor sobrenatural, não meramente psicológica, dos próprios pecados, de forma que, sempre com a ajuda da graça divina, formulem um firme propósito de não voltar a pecar. Tais disposições da alma obtêm efetivamente o perdão dos pecados mortais quando o fiel recebe frutuosamente o sacramento da Penitência ou se arrepende deles mediante um ato de caridade e de sofrimento perfeitos, com o propósito de retomarem o mais depressa possível a prática do próprio sacramento da Penitência: de fato, Nosso Senhor Jesus Cristo, na parábola do filho pródigo, ensina-nos que o pecador deve confessar a sua miséria a Deus, dizendo: "Pai, pequei contra o céu e contra ti; já não sou digno de ser chamado teu filho" (Lc 15, 18-19), admoestando que isso é obra de Deus: "estava morto e reviveu; estava perdido e encontrou-se" (Ibid., 15, 32).

Por isso, com providencial sensibilidade pastoral, o Sumo Pontífice João Paulo II, a fim de infundir profundamente na alma dos fiéis esses preceitos e ensinamentos da fé cristã, movido pela suave consideração do Pai das Misericórdias, quis que o segundo Domingo da Páscoa fosse dedicado a recordar com especial devoção esses dons da graça, atribuindo a esse Domingo a denominação de "Domingo da Misericórdia Divina" (Congregação para o Culto Divino e a Disciplina dos Sacramentos, Decreto *Misericors et miserator,* 5 de maio de 2000).

O Evangelho do segundo Domingo da Páscoa descreve as maravilhas realizadas por Cristo Senhor no próprio dia da Ressurreição, na primeira aparição pública: "Na tarde desse dia, o primeiro da semana, estando fechadas as portas da casa onde os discípulos se achavam juntos, com medo dos judeus, veio Jesus pôr-se no meio deles e disse-lhes: "A paz esteja convosco". Dizendo isso, mostrou-lhes as mãos e o lado. Alegraram-se os discípulos, vendo o Senhor. E Ele disse-lhes de novo: "A paz esteja convosco. Assim como o Pai me enviou, também Eu vos envio a vós". Dito isso, soprou sobre eles e disse-lhes: "Recebei o Espírito Santo. Àqueles a quem perdoardes os pecados, ser-lhes-ão perdoados; àqueles a quem os retiverdes, ser-lhes-ão retidos" (Jo 20, 19-23).

Para fazer com que os fiéis vivam com piedade intensa esta celebração, o mesmo Sumo Pontífice estabeleceu que o citado Domingo seja enriquecido com a Indulgência Plenária, como será indicado a seguir, para que os fiéis possam receber mais amplamente o dom do conforto do Espírito Santo e, dessa forma, alimentar uma caridade crescente para com Deus e o próximo e, obtendo eles mesmos o perdão de Deus, sejam por sua vez induzidos a perdoar imediatamente aos irmãos.

Dessa forma, os fiéis observam mais perfeitamente o espírito do Evangelho, acolhendo em si a renovação ilustrada e introduzida pelo Concílio Ecumênico Vaticano II: "Lembrados das palavras do Senhor: "Nisto conhecerão todos que sois meus discípulos, se vos amardes uns aos outros (Jo 13, 35), os cristãos não podem formular desejo mais vivo do que servir aos homens do seu tempo com generosidade cada vez maior e mais eficaz... A vontade do Pai é que reconheçamos e amemos efetivamente Cristo nosso Irmão, em todos os homens, com a palavra e as obras" (Const. past. *Gaudium et spes,* 93).

Por conseguinte, o Sumo Pontífice, animado pelo fervoroso desejo de favorecer o mais possível no povo cristão tais sentimentos de piedade para com a Misericórdia Divina, devido aos riquíssimos frutos espirituais que disso se podem esperar, na Audiência concedida a 13 de junho de 2002 aos abaixo assinados Responsáveis da Penitenciaria Apostólica, dignou-se conceder--nos Indulgências nos seguintes termos:

Concede-se a Indulgência plenária nas habituais condições (Confissão sacramental, Comunhão eucarística e orações segundo a intenção do Sumo Pontífice) ao fiel que no segundo Domingo da Páscoa, ou seja, da "Misericórdia Divina", em qualquer igreja ou oratório, com o espírito desapegado completamente da afeição a qualquer pecado, também venial, participe nas práticas de piedade em honra da Divina Misericórdia, ou pelo menos recite, na presença do Santíssimo Sacramento da Eucaristia, publicamente exposto ou guardado no Tabernáculo, o Pai-nosso e o Credo, juntamente com uma invocação piedosa ao Senhor Jesus Misericordioso (por ex. "Ó Jesus Misericordioso, confio em ti").

Concede-se a Indulgência parcial ao fiel que, pelo menos com o coração contrito, eleve ao Senhor Jesus Misericordioso uma das invocações piedosas legitimamente aprovadas.

Também aos homens do mar, que realizam o seu dever na grande extensão do mar; aos numerosos irmãos, que os desastres da guerra, as vicissitudes políticas, a inclemência dos lugares e outras causas do gênero, afastaram da pátria; aos enfermos e a quantos os assistem e a todos os que, por uma justa causa, não podem abandonar a casa ou desempenham uma atividade que não pode ser adiada em benefício da comunidade, poderão obter a Indulgência plenária no Domingo da Divina Misericórdia, se, com total detestação de qualquer pecado, como foi dito acima, e com a intenção de observar, logo que seja possível, as três habituais condições, recitem, diante de uma piedosa imagem de Nosso Senhor Jesus Misericordioso, o Pai-nosso e o Credo, acrescentando uma invocação piedosa ao Senhor Jesus Misericordioso (por ex. "Ó Jesus Misericordioso, confio em ti").

Se nem sequer isso pode ser feito, nesse mesmo dia poderão obter a Indulgência plenária todos os que se unirem com a intenção de espírito aos que praticam de maneira ordinária a obra prescrita para a Indulgência e oferecem a Deus Misericordioso uma oração e juntamente com os sofrimentos das suas enfermidades e os incômodos da própria vida, tendo também eles o propósito de cumprir, logo que seja possível, as três condições prescritas para a aquisição da Indulgência plenária.

Os sacerdotes que desempenham o ministério pastoral, sobretudo os párocos, informem da maneira mais conveniente os seus fiéis desta saudável disposição da Igreja, disponham-se com espírito imediato e generoso a ouvir as suas confissões e, no Domingo da Misericórdia Divina, depois da celebração da Santa Missa ou das Vésperas, ou durante uma prática piedosa em honra da Misericórdia Divina, guiem, com a dignidade própria do rito, a recitação das orações acima indicadas; por fim, sendo "bem-aventurados os misericordiosos, porque encontrarão misericórdia" (Mt 5, 7), ao ensinar a catequese, estimulem docemente os fiéis a praticar todas as vezes que lhes for possível obras de caridade ou de misericórdia, seguindo o exemplo e o mandato de Jesus Cristo, como é lembrado na segunda concessão geral do "Enchiridion Indulgentiarum".

Este Decreto tem vigor perpétuo. Não obstante qualquer disposição contrária.

Roma, Sede da Penitenciaria Apostólica, 29 de junho de 2002, solenidade dos santos Apóstolos Pedro e Paulo.

† Luís De Magistris
Arcebispo titular de Nova
Pro-penitenciário mór

Gianfranco Girotti, O. F. M. Conv.
Regente

L. + S.
In PA tab. N. 116/01/I
ORBIS

ECCLESIA CATHEDRALIS

DECRETO

Para o maior bem espiritual dos fiéis, atribui-se aos Bispos das Eparquias e diocesanos a faculdade de conceder, uma vez por ano, a Bênção papal, com a Indulgência plenária anexa, em cada uma das igrejas co-Catedrais, que foram, outrora, catedrais de eparquias ou dioceses extintas, e isto sem diminuição da terna estabelecida pelo direito para cada Igreja particular.

A igreja catedral, "na realidade das suas estruturas arquitetônicas, representa o templo espiritual que se edifica interiormente em cada alma, no esplendor da graça, segundo a palavra do Apóstolo: "De fato, vós sois o templo do Deus vivo" (2 Cor 6, 16). A catedral é ainda símbolo poderoso da igreja visível de Cristo, que nesta terra reza, canta e adora; e isso deve guardar-se como imagem daquele Corpo místico, cujos membros se tornam companhia de caridade, alimentada pela difusão dos dons supremos" (Paulo VI, Const. ap. *Mirificus eventus,* 72, de 7 de dezembro de 1965).

É por isso coisa sumamente proveitosa que o espírito dos fiéis sintam com particular afeto a sua ligação à igreja catedral, nobilíssima sede e símbolo do magistério do Bispo e do seu ministério litúrgico; de fato, com essa religiosa atitude do espírito, os fiéis exprimem, por uma parte, que reconhecem e veneram o carisma certo da verdade (cf. Santo Irineu de Lião, *Ad haereses,* Ib. IV, c. 40 n. 2) de que estão dotados os Bispos hierarquicamente unidos com o Bispo de Roma, Vigário de Cristo; por outra parte, que eles querem participar e, por quanto lhes compete, pôr em prática as realidades sagradas em comunhão com o Pastor que sobre a terra faz as vezes do Eterno Pastor e Bispo das nossas almas (cf. 1 Pd 2, 25).

Nos últimos tempos, com o aparecimento de novas condições sociais, geográficas e econômicas e novos costumes de vida, a dolorosa diminuição dos ministros sagrados em numerosas regiões de antiga catolicidade e a própria exigência, justíssima em si mesma, de uma coordenação da atividade pastoral, tiveram como efeito a supressão de algumas igrejas particulares, enquanto o seu território e as populações eram agregadas às de um Bispo com uma igreja particular mais vasta.

Mas, a justa consideração da veneranda antiguidade, por fatos históricos célebres e pela insigne santidade, florescente em tantos fiéis dessas igrejas extintas, levou a que aos seus templos, que foram catedrais, fosse atribuído o título de co-catedral, especialmente com o fim de fomentar a piedade daqueles fiéis para com a sua antiga Igreja, continuando íntegra, por outro lado, a comunhão espiritual e canônica com o próprio Bispo, ligado por vínculo privilegiado com a nova Catedral.

Aproveitando esses sentimentos filiais e desejando torná-los cada vez mais perfeitos espiritualmente, o Sumo Pontífice João Paulo II, na audiência concedida em 13 de junho de 2002 aos abaixo assinados Responsáveis da Penitenciaria Apostólica, dignou-se estabelecer que os Bispos nas igrejas anteriormente catedrais e hoje co-Catedrais existentes no seu território, permanecendo firme a terna das Bênçãos Papais, fixada na Norma n. 7, 2º do *Enchiridion Indulgentiarum,* tenham a faculdade de conceder a Bênção Papal com Indulgência plenária anexa, uma vez no ano, na ocorrência de uma solenidade, que será designada pelos próprios Bispos, e assim os fiéis a possam receber nas mesmas igrejas co-Catedrais, com o espírito desapegado do afeto a qualquer pecado e nas habituais condições necessárias para conseguir a Indulgência plenária (Confissão sacramental, Comunhão eucarística e oração pelas intenções do Sumo Pontífice).

O presente Decreto tem valor perpétuo. Não obstante qualquer disposição contrária.

Roma, Sede da Penitenciaria Apostólica, 29 de junho de 2002, solenidade dos santos Apóstolos Pedro e Paulo.

† Luís De Magistris
Arcebispo titular de Nova
Pro-penitenciário mór

Gianfranco Girotti, O. F. M. Conv.
Regente

L. + S.
In PA tab. N. 25/02/I

CONSTITUIÇÃO APOSTÓLICA
INDULGENTIARUM DOCTRINA

**PAULO BISPO
SERVO DOS SERVOS DE DEUS
PARA PERPÉTUA MEMÓRIA**

I

1. A doutrina e o uso das indulgências vigentes na Igreja Católica há vários séculos encontram sólido apoio na revelação divina,[154] a qual vindo dos Apóstolos "se desenvolve na Igreja sob a assistência do Espírito Santo", enquanto "a Igreja, no decorrer dos séculos, tende continuamente para a plenitude da verdade divina, até que se cumpram nela as palavras de Deus.[155]

Mas, para que essa doutrina e esse uso salutares sejam de modo exato compreendidos, é necessário relembrar certas verdades em que a Igreja Universal iluminada pela palavra de Deus sempre acreditou, e que os Bispos, sucessores dos Apóstolos, e principalmente os Pontífices Romanos, sucessores de São Pedro, no decorrer dos séculos ensinaram e sempre ensinam, quer no exercício de sua função pastoral, quer em seus documentos doutrinais.

---

[154] Cf. Concílio Tridentino, sess. XXV, *Decretum de Indulgentiis:* "Tendo recebido de Cristo o poder de conferir indulgências, já nos tempos antiquíssimos usou a Igreja desse poder, que divinamente lhe fora doado…" (DS [= Denzinger-Schönmetzer] 1935); cf. *Mt* 28, 18.

[155] Concílio Vaticano II, const. dogm. sobre a revelação divina *Dei Verbum* 8 (AAS 589 [1966], p. 821); cf. Concílio Vaticano I, const. dogm. sobre a fé católica, *Dei Filius*, cap. 4: A fé e a razão (DS 3020).

2. Assim nos ensina a revelação divina que os pecados acarretam como consequência penas infligidas pela santidade e pela justiça divina, penas que devem ser pagas ou neste mundo, mediante os sofrimentos, dificuldades e tristezas desta vida e sobretudo mediante a morte,[156] ou então no século futuro pelo fogo, pelos tormentos ou penas purgatórias.[157] Da mesma forma achavam-se sempre os fiéis convencidos de que o caminho do mal é semeado de numerosos obstáculos, duro, espinhoso e prejudicial aos que por ele enveredam.[158]

E essas penas são impostas pelo julgamento de Deus, julgamento a um tempo justo e misericordioso, a fim de purificar as

---

[156] Cf. *Gn* 3, 16-19; "Disse (Deus) também à mulher: 'Multiplicarei os sofrimentos do teu parto; darás à luz com dor teus filhos; teus desejos te impelirão para o teu marido e tu estarás sob o seu domínio'. E disse em seguida ao homem: 'Porque ouviste a voz de tua mulher e comeste do fruto da árvore que eu te havia proibido comer, a terra será maldita por tua causa. Tirarás dela com trabalhos penosos o teu sustento todos os dias de tua vida. Ela te produzirá espinhos e abrolhos... Comerás o teu pão com o suor do teu rosto, até que voltes à terra de que foste tirado: porque és pó e em pó te hás de tornar'". Cf. também *Lc* 19, 41-44; *Rm* 2, 9 e *1Cor* 11, 30. Cf. Agostinho, Enarr. in Ps. LVIII 1,13: "Toda iniquidade, pequena ou grande, deve ser punida, ou pelo próprio homem penitente, ou então por Deus vingador" (CCL 39, p. 739: PL 36, 701). Cf. S. Tomás, S. Th. 1-2, q. 87, a. 1: "sendo o pecado um ato desordenado, é evidente que todo o que peca, age contra alguma ordem. E é portanto decorrência da própria ordem que seja humilhado. E essa humilhação é a pena".

[157] Cf. *Mt* 25, 41-42: "Retirai-vos de mim, malditos! Ide para o fogo eterno destinado ao diabo e aos seus anjos. Porque tive fome e não me destes de comer". Vide também *Mc* 9, 42-43; *Jo* 5,28-19; *Rm* 2, 9; *Gl* 6, 6-8. Cf. Concílio de Lião II, sess. IV, Professio fidei Michaelis Palaologi Imperatoris (DS 856-858). Cf. Concílio de Florença, Decretum pro Graecis (DS 1304-1306). Cf. Agostinho, Enchiridion 66, 17: "Também há muitas coisas aqui que parece sejam esquecidas e não vingadas com nenhum tormento; mas o castigo é reservado para depois. Não é à toa que aquele dia é com propriedade chamado o dia do juízo, quando virá o juiz dos vivos e mortos. Ao contrário, algumas coisas aqui punidas, todavia perdoadas, de fato não hão de prejudicar no século futuro. Por isso fala o Apóstolo a respeito de certas penas temporais, irrogadas nesta vida aos que pecam, cujos pecados são apagados a fim de não serem reservados para o fim: 'Se nos examinássemos a nós mesmos, nós não seríamos julgados. Mas, sendo julgados pelo Senhor, ele nos castiga para não sermos condenados com este mundo' (*1Cor* 11, 31-32)" (Ed. Scheel, Tubingen 1930, p. 42: PL 40, 263).

[158] Cf. *Pastor* de Hermas, mand, 6, 1, 3 (Funk, Patres Apostolici 1, p. 487).

almas, defender a integridade da ordem moral e restituir à glória de Deus a sua plena majestade. Todo pecado, efetivamente, acarreta uma perturbação da ordem universal, por Deus estabelecida com indizível sabedoria e caridade infinita, e uma destruição de bens imensos, quer se considere o pecador como tal quer a comunidade humana. E doutra parte, o pecado nunca deixou de aparecer claramente ao pensamento cristão não só como uma transgressão da lei divina, mas sobretudo, mesmo que não o seja sempre de modo direto e evidente, como um desprezo ou negligência da amizade pessoal entre Deus e o homem,[159] e uma ofensa contra Deus, ofensa verdadeira que jamais pode ser avaliada na justa medida, afinal de contas como a recusa, por um coração ingrato, do amor de Deus que nos é oferecido em Cristo, uma vez que Cristo chamou seus discípulos de amigos e não mais servos.[160]

3. É portanto necessário, para o que se chama plena remissão e reparação dos pecados, não só que, graças a uma sincera conversão, se restabeleça a amizade com Deus e se expie a ofensa feita à sua sabedoria e bondade, mas também que todos os bens, ou pessoais ou comuns à sociedade ou relativos à própria ordem universal, diminuídos ou destruídos pelo pecado, sejam

---

[159] Cf. *Is* 1, 23: "Eu criei filhos e os enalteci, eles, porém, se revoltaram contra mim. O boi conhece o seu possuidor, e o asno, o estábulo de seu dono; mas Israel não conhece nada, e meu povo não tem entendimento". Cf. também, *Dt* 8, 11 e 32,15ss; *Sl* 105, 21 e 118 passim; *Sb* 7, 14; *Is* 17, 10 e 44, 21; *Jr* 33, 8; *Ez* 20, 27. Cf. ConcílioVaticano II, const. dogm. sobre a revelação divina, *Dei Verbum* 2: "mediante esta revelação, portanto, o Deus invisível (cf. *Cl* 1, 15; *1Tm* 1, 17), levado por seu grande amor, fala aos homens como a amigos (cf. *Ex* 33, 11; *Jo* 15, 14-15) e com eles se entretém (cf. *Br* 3, 38) para os convidar à comunhão consigo e nela os receber" (AAS 58 [1966], p. 818). Cf. também *ibid.* 21 (loc. cit., pp. 827-828).

[160] Cf. Jo 15,14-15. Cf. Concílio Vaticano II, const. past. sobre a Igreja no mundo de hoje, *Gaudium et Spes* 22 (AAS 58 [1966], p. 1042), e o decreto sobre a atividade missionária da Igreja, *Ad Gentes Divinitus* 13 (AAS 58 [1966], p. 962).

plenamente restaurados; isso ocorrerá pela reparação voluntária que não se dará sem sofrimento ou pelo suportar as penas fixadas pela justíssima e santíssima sabedoria divina, e com isso brilharão com novo resplendor no mundo inteiro a santidade e o esplendor da glória de Deus. E a existência bem como a gravidade dessas penas fazem reconhecer a insanidade e a malícia do pecado, e também as desgraçadas consequências que acarreta.

Podem restar, e de fato restam frequentemente, penas a expiar ou sequelas de pecados a purificar, mesmo depois de remida a falta;[161] a doutrina relativa ao purgatório muito bem o mostra: nesse lugar, com efeito, as almas dos defuntos que "verdadeiramente penitentes deixaram esta vida na caridade de Deus, antes de terem satisfeito suas ofensas e omissões por justos frutos de penitência",[162] são após a morte purificadas pelas penas purgatórias. E as próprias orações litúrgicas são reveladoras orações que

---

[161] Cf. *Nm* 20, 12: "Disse o Senhor a Moisés e Aarão: 'Porque faltastes à confiança em mim e não glorificastes a minha santidade aos olhos dos filhos dos israelitas, não introduzireis esta assembléia na terra que lhe destino'". Cf. *Nm* 27, 13-14: "Depois de a teres visto, serás reunido aos teus, como o teu irmão Aarão, porque, no deserto de Sin, na contenda da assembléia, fostes rebeldes à minha ordem, não manifestando a minha santidade diante deles na questão das águas". Cf. *2Rs* 12,13-14: "Davi disse a Natã: 'Pequei contra o Senhor'. Natã respondeu-lhe: 'O Senhor perdoou o teu pecado; não morrerás. Todavia, como desprezaste o Senhor com esta ação, morrerá o filho que te nasceu'". Cf. Inocêncio IV, *Instructio pro Graecis* (DS 838). Cf. Concílio Tridentino, sess. VI, cân. 30: "Se alguém disser que a todo pecador penitente, que recebeu a graça da justificação, é de tal modo perdoada a ofensa e desfeita e abolida a obrigação à pena eterna, que não lhe fica obrigação alguma de pena temporal a pagar, seja neste mundo ou no outro, purgatório, antes que lhe possam ser abertas as portas para o reino dos céus – seja exc." (DS 1580; cf. também DS 1689, 1693). Cf. Agostinho, In Io. Ev. Tr. 124, 5: "Deve o homem sofrer (nesta vida) mesmo remidos seus pecados; apesar de que para lhe vir a miséria, primeiro tivesse sido causa do pecado. É mais longa a pena do que a culpa, para que não se tivesse em pouca monta a culpa, se com ela acabasse também a pena. E por isso mesmo ou para a demonstração da devida miséria, ou para emenda da vida de pecado, ou para exercício da indispensável paciência, a pena retém temporalmente o homem, mesmo aquele a quem já não prende a culpa como réu de eterna condenação" (CCL 36, pp. 683-684: PL 35, 1972-1973).

[162] Concílio de Lião II, sess. IV (DS 856).

desde os mais recuados tempos usa a comunidade cristã no santo sacrifício, pedindo "que nós, que somos justamente afligidos por causa de nossos pecados, sejamos misericordiosamente libertados para a glória de vosso nome".[163]

E todos os homens em seu caminhar neste mundo cometem pecados, ao menos leves, a que se chamam cotidianos;[164] de tal forma que todos têm necessidade da misericórdia de Deus para se verem libertados das consequências penais do pecado.

II

4. Por insondável e gratuito mistério da divina disposição, acham-se os homens unidos entre si por uma relação sobrenatural. Esta faz com que o pecado de um prejudique também os outros, assim como a santidade de um traga benefícios aos outros.[165] Assim os fiéis prestam socorros mútuos para atingirem

---

[163] Cf. Dom. da Setuagésima, Oração: Nós vos pedimos, Senhor, atendei benigno às preces de vosso povo: para que, justamente afligidos por causa de nossos pecados, sejamos para glória de vosso nome misericordiosamente libertados. Cf. 2ª-feira após o I dom. da Quaresma, oração sobre o povo: Parti, Senhor, vos pedimos, os grilhões de nossos pecados; e tudo o que por eles merecemos, propício afastai. Cf. III dom. da Quaresma, pós-comunhão: Nós vos pedimos, Senhor, absolvei-nos, benigno, de todas as nossas culpas e perigos, a nós que fizestes partícipes de tão grande mistério.

[164] Cf. *Tg* 3, 2: "Porque todos nós caímos em muitos pontos". Cf. *1Jo* 1, 8: "Se dizemos que não temos pecado, enganamo-nos a nós mesmos, e a verdade não está em nós". E assim comenta a esse texto o Concílio de Cartago: "Da mesma forma como diz S. João apóstolo: Se dizemos que não temos pecado, enganamo-nos a nós mesmos, e a verdade não está em nós. Todo aquele que julgar dever entendê-lo que assim se deva falar por humildade que se tem pecado e não porque deveras é assim, seja exc." (DS 228). Cf. Concílio Tridentino, sess. VI decreto sobre a justificação, cap. II (DS 1537). Cf. Concílio Vaticano II, const. dogm. sobre a Igreja, *Lumen Gentium* 40: "Como porém todos nós caímos em muitas faltas (cf. *Tg* 3, 2), precisamos continuamente da misericórdia de Deus e devemos cada dia rezar: 'E perdoai-nos as nossas ofensas' (*Mt* 6, 12)" (AAS 57 [1965], p. 45).

[165] Cf. Agostinho, De bap. contra Donat. 1, 28: PL 43, 124.

seu fim eterno. O testemunho dessa união é evidente no próprio Adão, pois seu pecado passa a todos os homens por propagação hereditária. Porém, o mais alto e mais perfeito princípio, o fundamento e o modelo dessa relação sobrenatural, é o próprio Cristo, no qual Deus nos chamou a ser inseridos.[166]

5. Com efeito, Cristo, "que não cometeu pecado", "sofreu por nós";[167] "ele foi ferido por causa de nossas iniquidades, batido por nossos crimes... e por suas feridas fomos curados".[168]

Seguindo as pegadas de Cristo,[169] os fiéis procuraram sempre ajudar-se uns aos outros no caminho que conduz ao Pai celeste pela oração, pela apresentação de bens espirituais e pela expiação penitencial; e quanto mais seguiam o fervor da caridade, tanto mais também imitavam a Cristo sofredor, levando a própria cruz em expiação dos próprios pecados e dos outros, conven-

---

[166] Cf. *Jo* 15, 5: "Eu sou a videira, vós os ramos. Quem permanecer em mim e eu nele, esse dá muito fruto". Cf. *1Cor* 12, 27: "Ora, vós sois o corpo de Cristo e cada um de sua parte é um dos seus membros". Cf. também, *1Cor* 1, 9 e 10, 17; *Ef* 1, 20-23 e 4, 4. Cf. Concílio Vaticano II, Const. Dogm. sobre a Igreja, *Lumen Gentium* 7 (AAS 57 [1965], pp. 10-11). Cf. Pio XII, enc. *Mystici Corporis:* "Desta mesma comunicação do Espírito de Cristo segue-se que... a Igreja vem a ser como o complemento e plenitude do Redentor; e Cristo como que se completa na Igreja (cf. S. Tom., Comm. in Ep. ad Eph., cap. 1, lect. 8). Nestas palavras acenamos a razão por que ... a Cabeça mística, que é Cristo, e a Igreja, que é na terra como outro Cristo e faz as suas vezes, constituem um só homem novo, em que se juntam o céu e a terra para perpetuar a hora salvífica da cruz; este homem novo é Cristo Cabeça e Corpo, o Cristo total" (DS 3813; AAS 35 [1943], pp. 230-231). Cf. Agostinho, Enarr. 2 in Ps. SC, 1: "Nosso Senhor Jesus Cristo, como todo homem perfeito, é cabeça e corpo: reconhecemos uma cabeça naquele homem, nascido da Virgem Maria... Esta é a Cabeça da Igreja. O corpo dessa cabeça é a Igreja, não só a que está aqui, mas também a que se acha aqui e em toda a terra, nem só a de agora, mas a desde o mesmo Abel até os que vão nascer até o fim e hão de crer em Cristo, todo o povo dos pertencentes a uma única cidade; e esta cidade é o Corpo de Cristo, cuja cabeça é Cristo" (CCL 39, p. 1266: PL 37, 1159).

[167] Cf. *1Pd* 2, 22 e 21.

[168] Cf. *Is* 53, 4-6 com *1Pd* 2, 21-25; cf. também *Jo* 1, 29; *Rm* 4, 25 e 5, 9ss; *1Cor* 15, 3; *2Cor* 5, 21; *Gl* 1, 4; *Ef* 1, 7ss; *Hb* 1, 3, e também *1Jo* 3,5.

[169] Cf. *1Pd* 2, 21.

cidos de poderem ajudar a seus irmãos junto a Deus, o Pai das misericórdias,[170] para que obtenham a salvação.

É o antiquíssimo dogma da comunhão dos santos,[171] segundo o qual a vida de cada um dos filhos de Deus em Cristo e por

---

[170] Cf. *Cl* 1, 24: "Agora me alegro nos sofrimentos suportados por vós. O que falta às tribulações de Cristo, completo na minha carne por seu corpo que é a Igreja". Cf. Clemente de Alexandria, Lib. Quis dives salvetur 42: "O apóstolo João exorta o jovem ladrão à penitência, exclamando: 'Eu hei de prestar contas a Cristo por ti. Se preciso, de bom grado morrerei em teu lugar, como o Senhor por nós suportou a morte. Darei a minha vida em lugar da tua'" (GCS Clemens 3, p. 190: PG 9, 650). Cf. Cipriano, De lapsis 17, 36: "Cremos que têm poder junto ao juiz os méritos de muitos mártires e as obras dos justos, mas quando vier o dia do juízo, quando, após o ocaso deste século e do mundo, comparecer o povo de Cristo ante o seu tribunal". "Ao que faz penitência, opera, suplica, pode benigno perdoar, pode aceitar benevolamente tudo o que por esses houverem pedido os mártires e feito os sacerdotes" (CSEL 3, pp. 249-250 e 263: PL 4, 495 e 508). Cf. Jerônimo, Contra Vigilantium 6: "Dizes no teu livro que enquanto vivemos podemos rezar uns pelos outros; após a morte, porém, não será atendida a oração de ninguém pelos outros: sobretudo porque os mártires, pedindo a vingança de seu sangue, não a puderam obter (Ap 6,10). Se os apóstolos e mártires ainda vivendo corporalmente podem rezar pelos demais, quando ainda devem ser solícitos de si mesmos, quanto mais após as coroas, vitórias e triunfos" (PL 23, 359). Cf. Basílio Magno, Homilia in martyrem Iulittam 9: "Convém portanto chorar com os que choram. Quando vires teu irmão chorando em penitência dos pecados, chora com ele e tem dele compaixão. Assim pois poderás com os males alheios corrigir o teu. Pois o que derrama fervorosas lágrimas pelo pecado do próximo, enquanto lamenta o irmão, cura a si mesmo... Chora por causa do pecado. O mal da alma é o pecado; é morte da alma imortal; o pecado é digno de lamentação e de inconsoláveis prantos" (PG 31, 258-259). Cf. João Crisóstomo, In epist. ad Philipp. 1, hom. 3,3: "Portanto, não choremos simplesmente os que morrem, nem nos alegremos simplesmente pelos que vivem; mas então? Choremos os pecadores, não só os moribundos, mas os que ainda vivem; alegremo-nos pelos justos, não só enquanto vivem, mas também depois que tiverem morrido" (PG 62, 203). Cf. S. Tomás, S. Th. 1-2, q. 87, a. 8: "Se falamos da pena satisfatória voluntariamente assumida, acontece que um leve a pena de outro, enquanto de certo modo constituem uma única coisa... Se, porém, falamos da pena infligida pelo pecado, enquanto sob o aspecto de pena, assim cada um é só punido pelo próprio pecado; pois o ato do pecado é algo pessoal. Se, porém, falamos de pena medicinal, acontece que um é punido pelo pecado de outrem. E assim se disse que os prejuízos em coisas temporais ou do próprio corpo são como penas medicinais, ordenadas à salvação da alma. Daí nada impedir que por tais penas seja alguém punido pelo pecado alheio, ou por Deus ou pelo homem".

[171] Cf. Leão XIII, enc. *Mirae Caritatis:* "A comunhão dos santos não é outra coisa senão a comunhão de auxílio, de expiação, de preces, de benefícios entre os fiéis já na

Cristo se acha unida, por admirável laço, à vida de todos os outros irmãos cristãos na sobrenatural unidade do Corpo Místico de Cristo, como numa única pessoa mística.[172]

Assim se constitui o "tesouro da Igreja",[173] que não é uma soma de bens comparáveis às riquezas materiais acumuladas no decorrer dos séculos, mas é o valor infinito e inesgotável que têm junto a Deus as expiações e os méritos de Cristo Senhor, oferecidos para que a humanidade toda seja libertada do pecado e chegue à comunhão com o Pai; não é outra coisa que o Cristo Redentor, em quem estão e persistem as satisfações e os méritos de sua redenção.[174] Pertencem além disso a esse tesouro o valor verdadeiramente imenso, incomensurável e sempre novo, que

---

pátria celeste ou ainda entregues ao fogo purificador ou peregrinando ainda na terra, constituindo todos uma só cidade, cuja cabeça é Cristo, cuja forma é a caridade" (Acta Leonis XIII 22 [1902], p. 129: DS 3363).

[172] Cf. *1Cor* 12, 12-13: "Porque, como o corpo é um todo tendo muitos membros, e todos os membros do corpo, embora muitos, formam um só corpo, assim também Cristo. Em um só Espírito fomos batizados todos nós, para formar um só corpo". Cf. Pio XII, enc. *Mystici Corporis:* "De tal maneira (Cristo) sustenta a Igreja que ela é como uma segunda personificação de Cristo. Afirma-o o Doutor das Gentes quando na epístola aos Coríntios chama, sem mais, Cristo à Igreja (*1Cor* 12, 12), imitando de certo o divino Mestre, que, quando ele perseguia a Igreja, lhe bradou do céu: 'Saulo, Saulo, por que me persegues?' (cf. *At* 9, 4; 22, 7; 26, 14). Antes S. Gregório Nisseno diz-nos que o Apóstolo repetidamente chama Cristo à Igreja (cf. De vita Moysis: PG 44, 385); nem, veneráveis irmãos, ignorais aquela sentença de Agostinho: 'Cristo prega a Cristo' (cf. Sermones 354, 1: PL 39, 1563)" (AL 35 [1943], p. 218). Cf. S. Tomás, S. Th. 3, q. 48, a. 2 ad 1 e q. 49, a. 1.

[173] Cf. Clemente VI, bula jubilar *Unigenitus Dei Filius:* "O Filho Unigênito de Deus... adquiriu um tesouro para a Igreja militante... E confiou esse tesouro... a são Pedro e seus sucessores, vigários seus na terra, para o dispensarem salutarmente aos fiéis... E ao conjunto desse tesouro, como se sabe, vêm acrescer-se os méritos da Bem-aventurada Mãe de Deus e de todos os eleitos, do primeiro justo até o último..." (DS 1025, 1026, 1027). Cf. Sixto IV, enc. *Romani Pontificis:* "... Nós, a quem foi do alto atribuída a plenitude do poder, desejando levar do tesouro da Igreja Universal, constante dos méritos de Cristo e de seus Santos, auxílio e sufrágio às almas do purgatório..." (DS 1406). Cf. Leão X, decreto *Cum Postquam* a Caetano de Vio, legado papal: "...dispensar o tesouro dos méritos de Jesus Cristo e dos Santos..." (DS 1448; cf. DS 1467 e 2641).

[174] Cf. *Hb* 7, 23-25; 9, 11-28.

têm junto a Deus as preces e as boas obras da Bem-aventurada Virgem Maria e de todos os Santos, que, seguindo as pegadas de Cristo Senhor, por sua graça se santificaram e totalmente acabaram a obra que o Pai lhes confiara; de sorte que, operando a própria salvação, também contribuíssem para a salvação de seus irmãos na unidade do Corpo Místico.

"Com efeito, todos os que são de Cristo, por terem recebido seu Espírito, se acham unidos numa só Igreja e nele aderem uns aos outros (cf. Ef 4,16). A união dos viajores com os irmãos adormecidos na paz de Cristo, longe de se romper, pelo contrário, se acha reforçada pela comunicação dos bens espirituais, conforme a imutável crença recebida na Igreja. Do fato, de sua íntima união com Cristo, mais ainda confirmam os bem-aventurados na santidade a Igreja inteira... e de várias maneiras contribuem na crescente obra de sua edificação (cf. 1Cor 12,12-27). De fato, uma vez acolhidos na pátria celeste e permanecendo junto do Senhor (cf. 2Cor 5,8), por ele, com ele e nele não cessam de interceder por nós junto ao Pai, oferecendo os méritos que na terra adquiriram, graças a Cristo Jesus, único Mediador, entre Deus e os homens (cf. 1Tm 2,5), servindo ao Senhor em tudo e acabando o que falta nas tribulações de Cristo em sua carne a favor de seu Corpo que é a Igreja (cf. Cl 1,24). Eis portanto uma ajuda muito preciosa que sua fraternal solicitude traz à nossa fraqueza".[175]

Por isso, entre os fiéis já admitidos na pátria celeste, os que expiam as faltas no purgatório e os que ainda peregrinam sobre a terra, existe certamente um laço de caridade e um amplo intercâmbio de todos os bens pelos quais, na expiação de todos os pe-

---

[175] Concílio Vaticano II, const. dogm. sobre a Igreja, *Lumen Gentium* 49 (AAS 57 [1965], pp. 54-55).

cados do Corpo Místico em sua totalidade, é aplacada a justiça de Deus; e também se inclina a misericórdia divina ao perdão, a fim de que os pecadores arrependidos sejam mais depressa conduzidos a plenamente gozar dos bens da família de Deus.

III

6. Consciente dessas verdades, desde o princípio a Igreja conheceu e praticou vários modos de agir para que os frutos da redenção do Senhor fossem aplicados a cada fiel e os fiéis cooperassem na salvação de seus irmãos, e assim todo o corpo da Igreja fosse preparado na justiça e na santidade para o pleno advento do Reino de Deus, quando Deus há de ser tudo em todos.

Os próprios Apóstolos exortavam seus discípulos a rezarem pela salvação dos pecadores;[176] e tal uso santamente se manteve entre os muito antigos costumes da Igreja,[177] sobretudo quando os penitentes pediam a intercessão de toda a comunidade[178] e

---

[176] Cf. *Tg* 5, 16: "Confessai os vossos pecados uns aos outros, e orai uns pelos outros, para serdes curados. A oração do justo tem grande eficácia". Cf. *1Jo* 5, 16: "Se alguém souber que seu irmão comete um pecado que não o conduza à morte, reze, e Deus lhe dará a vida – isto, para aqueles que não pecam para a morte".

[177] Cf. Clemente Romano, Ad Cor. 56, 1: "Rezemos portanto nós também por aqueles que se acham em algum pecado, para que lhes seja concedida a moderação e a humildade, a fim de cederem não à nossa, mas à divina vontade. Assim pois a menção, que para misericórdia deles se faz junto a Deus e aos Santos, lhes há de ser proveitosa e perfeita" (Funk, Patres Apostolici 1, p. 171). Cf. Martyrium S. Policarpi 8, 1: "Tendo finalmente terminado os pedidos, nos quais foram mencionados todos, os que de alguma maneira conviveram com ele, quer pequenos quer grandes, quer afamados quer desconhecidos e todos da Igreja por toda a terra…" (Funk, Patres Apostolici 1, p. 321).

[178] Cf. Sozômenos, Hist. Eccl. 7, 16: Na penitência pública, após a missa, na Igreja Romana, os penitentes "com gemidos e lamentos se prostram por terra. Então o bispo, em lágrimas, chegando do outro lado, ele também se prostra por terra; e toda a multidão da assembléia, a um tempo confessando, banha-se em lágrimas. Após, em primeiro lugar se levanta o bispo, e faz levantar os prostrados; e feita, como é devido, a oração pelos pecadores que fazem penitência, despede-os" (PG 67, 1462).

os falecidos eram ajudados pelas preces de todos, especialmente pelo oferecimento do sacrifício eucarístico.[179] E mesmo as boas obras, e primeiramente as difíceis de executar à fraqueza humana, eram na Igreja, desde antigos tempos, oferecidas a Deus pela salvação dos pecadores.[180] Doutro lado, como os sofrimentos dos mártires pela fé e pela lei de Deus eram considerados de alto preço, costumavam os penitentes pedir aos mártires que os ajudassem com seus méritos, a fim de serem mais rapidamente admitidos à reconciliação pelos Bispos.[181] Eram, com efeito, a tal ponto estimadas as orações e as boas obras dos justos, que o penitente, afirmava-se, era lavado, purificado e remido graças à ajuda de todo o povo cristão.[182]

---

[179] Cf. Cirilo de Jerusalém, Catechesis (mystagogica 5), 9, 10: "Enfim também (rezamos) pelos santos padres e bispos e defuntos e por todos em geral que entre nós viveram; crendo que este será o maior auxílio para aquelas almas, por quem se reza, enquanto jaz diante de nós a santa e tremenda vítima". E isto é confirmado pelo exemplo da coroa que se tece para o imperador a fim de conceder essa vênia aos exilados, de modo que o mesmo santo Doutor conclui, dizendo: "Da mesma forma rezando nós a Deus pelos defuntos, ainda que pecadores, não lhe tecemos uma coroa, mas apresentamos Cristo morto pelos nossos pecados, procurando merecer e alcançar propiciação junto a Deus clemente, tanto por eles como por nós mesmos" (PG 33, 1115, 1118). Cf. Agostinho, Confessiones 9, 12, 32: PL 32, 777; e 9, 11, 27: PL 32, 775; Sermones 172, 2: PL 38, 936; De cura pro mortuis gerenda 1,3: PL 40, 593.

[180] Cf. Clemente de Alexandria, Lib. Quis dives salvetur 42 (S. João apóstolo, na conversão do jovem ladrão): "Então ora rezando a Deus com frequentes súplicas, ora lutando com o jovem com contínuos jejuns, abrandando-lhe o ânimo com persuasivas palavras, não desistiu, como dizem, antes de conseguir levá-lo com firme constância para o grêmio da Igreja…" (CGS 17, pp. 189-190: PG 9, 651).

[181] Cf. Tertuliano, Ad martyres 1, 6: "E alguns, não obtendo essa paz na Igreja, acostumaram-se a pedi-la aos mártires no cárcere" (CCL 1, p. 3: PL 1, 695). Cf. Cipriano, Epist. 18 (noutros: 12), 1: "Julgo que se deva ir ao encontro de nossos irmãos, para que os que receberam libelos dos mártires… impondo-se-lhes a mão em penitência venham a obter a paz com o Senhor, a qual desejaram os mártires se concedesse por cartas que nos escreveram" (CSEL 3, pp. 523-524: PL 4, 265; cf. id., Epist. 19 [noutros: 13], 2, CSEL 3, p. 525: PL 4, 267). Cf. Eusébio de Cesaréia, Hist. Eccl. 1, 6, 42 (CGS); Eus. 2, 2, 610 (PG 20, 614-615).

[182] Cf. Ambrósio, De paenitentia 1, 15: "…assim como é redimido do pecado e purificado no homem interior, por algumas obras de todo o povo, aquele que é lavado

Em tudo isso, entretanto, não se pensava que cada um dos fiéis operasse apenas com os próprios recursos para a remissão dos pecados dos outros irmãos; cria-se de fato que a Igreja, como um só corpo, unida a Cristo seu chefe, satisfazia em cada um de seus membros.[183]

E ainda a Igreja dos Padres tinha a convicção de que prosseguia a obra de salvação em comunhão com os Pastores e sob a autoridade destes últimos, que o Espírito Santo colocava como Bispos com o múnus de dirigir a Igreja de Deus.[184] Eis por que os Bispos, prudentemente pesando todas as coisas, estabeleciam o modo e a medida de satisfação a dar e permitiam mesmo que as penitências canônicas fossem pagas por outras obras mais fáceis talvez, propícias ao bem de todos ou capazes de favorecer a piedade, que os próprios penitentes ou ainda por vezes outros fiéis tivessem realizado.[185]

---

pelas lágrimas do povo. Pois concedeu Cristo à sua Igreja, que por todos resgatasse um, ela que mereceu o advento do Senhor Jesus, para que por um só todos fossem remidos" (PL 16, 511).

[183] Cf. Tertuliano, De paenitentia 10, 5-6: "Não pode o corpo se alegrar com o sofrimento de um só membro; é necessário que todo ele se doe e colabore para a cura. Num e noutro está a Igreja, já que a Igreja é Cristo. Portanto, quando te ajoelhas junto ao irmão abraças a Cristo, suplicas a Cristo. De modo semelhante quando eles choram sobre ti é Cristo que suplica ao Pai. O filho sempre alcança facilmente o que pede" (CCL 1, p. 337: PL 1, 1356). Cf. Agostinho, Enarr. in Ps. LXXXV 1 (CCL, 39, pp. 1176-1177: PL 37, 1082).

[184] Cf. At 20,28. Cf. também Concílio Tridentino, sess. XXIII, decr. De Sacramento Ordinis 4 (DS 1768); Concílio Vaticano I, sess. IV, const. dogm. sobre a Igreja, Pastor Aeternus, c. 3 (DS 3061); Concílio Vaticano II, const. dogm. sobre a Igreja, Lumen Gentium 20 (AAS 57 [1965], p. 23). Cf. Inácio de Antioquia, Ad Smyrnaeos 8, 1: "Separado do bispo ninguém faça nada daquilo que compete à Igreja..." (Funk, Patres Apostolici 1, p. 283).

[185] Cf. I Concílio de Nicéia, cân. 12: "...todos os que, com temor e lágrimas, paciência e boas obras, manifestam por obras e atitude a conversão, estes, findo o prazo prefixado para a audição, terão merecidamente a comunhão de orações, sendo também lícito ao bispo determinar algo a respeito deles benignamente..." (Mansi, SS. Conciliorum Collectio 2, 674). Cf. Concílio de Neocesaréia, cân. 3 (loc. cit., 540). Cf. Inocêncio I, Epist. 25, 7, 10: PL 20, 559. Cf. Leão Magno, Epist. 159, 6: PL 54, 1138. Cf. Basílio

IV

7. A convicção existente na Igreja de que os Pastores do rebanho do Senhor podem por meio da aplicação dos méritos de Cristo e dos Santos libertar cada fiel dos restos de seus pecados, introduziu aos poucos no correr dos séculos, pelo sopro do Espírito Santo que sempre anima o Povo de Deus, o uso das indulgências; uso pelo qual se efetuou um progresso, não uma mudança,[186] na doutrina e na disciplina da Igreja, e da raiz que é a revelação brotou um novo bem para utilidade dos fiéis e de toda a Igreja.

Pouco a pouco se propagou o uso das indulgências e se tornou um fato notório na história da Igreja desde que os Pontífices Romanos decretaram que certas obras favoráveis ao bem geral da Igreja "poderiam ser aplicadas a título de uma penitência total";[187] e aos fiéis "verdadeiramente penitentes, que tivessem confessado seus pecados" e realizassem tais obras, esses mesmos Pontífices, "pela misericórdia de Deus e... confiando nos méritos e na autoridade dos apóstolos", "na plenitude do poder apostólico" concediam "o perdão não só pleno e abundante, mas até o mais cabal, de todos os pecados".[188]

Magno, Epist. 217 (canônica 3), 74: "Pois se todo aquele que esteve nos preditos pecados, fazendo penitência, se tornar bom, aquele a quem por benignidade de Deus foi confiado o poder de ligar e desligar, sendo muito clemente, levando em conta a grandeza da penitência daquele que pecou, diminuir o tempo das penas, não será digno de condenação, pois há uma história na Escritura que nos ensina: aqueles que fazem com maior dor penitência, depressa alcançam a misericórdia de Deus" (PG 32, 803). Cf. Ambrósio, De paenitentia 1, 15 (veja supra, nota 29).

[186] Cf. Vicente de Lerin, Commonitorium primum, 23: PL 50, 667-668.

[187] Cf. Concílio de Clermont, cân. 2: "Todo aquele que só por devoção, não para obter honra ou dinheiro, partir para libertar a Igreja de Deus em Jerusalém, considerar-se-á essa viagem como uma penitência plena" (Mansi, SS. Conciliorum Collectio 20, 816).

[188] Cf. Bonifácio VIII, bula *Antiquorum Habet:* "De acordo com fiel relação dos antigos, os que chegam à venerável basílica do Príncipe dos Apóstolos em Roma ob-

Pois "o Filho unigênito de Deus adquiriu um grande tesouro para a Igreja Militante... Esse tesouro... quis ele fosse distribuído aos fiéis para sua salvação por São Pedro, portador das chaves do céu, e por seus sucessores, seus vigários na terra, e fosse, por motivos particulares e razoáveis, a fim de remir ora parcial, ora completamente, a pena temporal devida ao pecado, misericordiosamente aplicado, em geral ou em particular, como diante de Deus se julgasse mais útil, aos que, verdadeiramente penitentes, se tivessem confessado. Sabe-se que os méritos da Bem-aventurada Mãe de Deus e de todos os eleitos contribuem para a riqueza desse tesouro".[189]

8. Essa remissão da pena temporal, devida pelos pecados já perdoados quanto à falta, foi chamada propriamente "indulgência".[190]

têm grandes remissões e indulgências dos pecados. Nós portanto... essas indulgências e remissões, todas e cada uma, ratificamos e de bom grado aceitamos, confirmando-as e aprovando-as com autoridade apostólica... Nós, confiados na misericórdia de Deus onipotente e nos méritos e autoridade dos próprios Apóstolos, a conselho de nossos irmãos e pela plenitude do poder apostólico a todos os que vêm a essas basílicas com reverência, verdadeiramente penitentes e confessados... no ano corrente e em qualquer dos do futuro século não só plena e mais ampla, senão pleníssima absolvição de todos os seus pecados concederemos e concedemos..." (DS 868).

[189] Clemente VI, bula jubilar *Unigenitus Dei Filius* (DS 1025, 1026 e 1027).

[190] Cf. Leão X, decr. *Cum Postquam:* "...e te quisemos dizer que a Igreja Romana, a quem as demais devem seguir como a mãe, ensina que o Pontífice Romano, sucessor de Pedro, o portador das chaves e vigário de Cristo na terra, pelo poder das chaves que permite abrir o reino dos céus tirando aos fiéis de Cristo os impedimentos (a culpa e a pena devidas pelos pecados atuais, a culpa mediante o sacramento da penitência, a pena temporal, devida segundo a divina justiça pelos pecados atuais, mediante a indulgência eclesiástica), pode por motivos razoáveis conceder indulgências aos mesmos fiéis de Cristo, unidos pela caridade como membros a Cristo, quer se achem nesta vida, quer no purgatório, pela abundância dos méritos de Cristo e dos Santos. E concedendo tanto para os vivos como para os defuntos, por apostólica autoridade, a indulgência, acostumou-se a dispensar o tesouro dos méritos de Jesus Cristo e dos Santos, e a conferir a mesma indulgência a modo de absolvição, ou a transferir a modo de sufrágio. E por isso todos, tanto vivos como defuntos, que verdadeiramente alcançaram essas indulgências, são livres de tanta pena temporal, devida segundo a justiça divina por seus pecados atuais, quanto foi a indulgência concedida e adquirida, equivalentemente" (DS 1447-1448).

Nisso a indulgência apresenta traços comuns com os outros modos ou meios destinados a apagar as consequências dos pecados, mas deles também se distingue claramente.

Com efeito, na indulgência, usando de seu poder de administradora da redenção de Cristo Senhor, a Igreja não se contenta com rezar, mas por sua autoridade abre ao fiel convenientemente disposto o tesouro das satisfações de Cristo e dos Santos para a remissão da pena temporal.[191]

O fim intencionado pela autoridade eclesiástica na concessão das indulgências é não apenas ajudar os fiéis a pagarem as penas que devem, mais ainda, incitá-los ao exercício das obras de piedade, de penitência e de caridade e, particularmente, das obras que conduzem ao progresso na fé e ao bem geral.[192]

Se os fiéis transferem as indulgências a favor dos defuntos, exercem então de maneira excelente a caridade e, elevando seu pensamento para as realidades celestes, tratam as coisas terrestres do modo mais correto.

---

[191] Cf. Paulo VI, epíst. *Sacrosancta Portiunculae:* "A indulgência, concedida pela Igreja aos que fazem penitência, é uma manifestação desta maravilhosa comunhão dos santos, que misticamente une, pelo único laço da caridade de Cristo, a Bem-aventurada Virgem Maria, os cristãos triunfantes no céu, os que estão no purgatório e os que ainda não terminaram sua peregrinação pela terra. A indulgência, dada por intermédio da Igreja, diminui pois e até suprime a pena que impede de algum modo a mais íntima união do homem com Deus. Aquele que faz penitência acha portanto, nessa forma singular da caridade eclesial, auxílio para lançar fora o velho homem e revestir o novo 'que foi renovado no conhecimento conforme a imagem daquele que o criou' (Cl 3,10)" (AAS 59 [1966], pp. 633-634).

[192] Cf. Paulo VI, epíst. cit.: "A Igreja vai ao encontro dos cristãos que, levados pelo espírito de penitência, buscam atingir esta metanoia, com o fito de reencontrar, após o pecado, aquela santidade de que foram inicialmente revestidos em Cristo pelo batismo. Distribui indulgências, assim como a mãe, terna e cuidadosa, ampara os filhos fracos e doentes. O que de forma alguma significa ser a indulgência um caminho mais fácil, que nos permitisse evitar a indispensável reparação dos pecados. Bem ao contrário. É uma ajuda que todo fiel, reconhecendo com humildade a própria fraqueza, encontra no Corpo Místico de Cristo, o qual todo inteiro 'concorre para sua conversão pela caridade, pelo exemplo e pela prece' (const. dogm. *Lumen Gentium,* cap. 2, n. 11)" (AAS 58 [1966], p. 632).

O Magistério da Igreja expôs e defendeu essa doutrina em diversos documentos.[193] Aconteceu às vezes, é verdade, introduzirem-se abusos no uso das indulgências, quer "por concessões

[193] Clemente VI, bula jubilar *Unigenitus Dei Filius* (DS 1026). Clemente VI, epíst. *Super Quibusdam* (DS 1059). Martinho V, bula *Inter Cunctas* (DS 1266). Sixto IV, bula *Salvator Noster* (DS 1398). Sisto IV, carta enc. *Romani Pontificis Provida:* "Nós, desejosos de atalhar tais escândalos e erros... por breves nossos... escrevemos aos prelados, para que digam aos fiéis cristãos, havermos nós concedido a indulgência plenária pelas almas do purgatório a modo de sufrágio, não para que esses fiéis, por causa da mencionada indulgência, se afastassem das obras pias e boas, mas para que ela a modo de sufrágio fosse de proveito à salvação das almas. E assim aquela indulgência aproveitaria, tal como se recitassem devotas orações e se oferecessem piedosas esmolas pela salvação daquelas almas... não que intentássemos, como também não intentamos, nem quisemos insinuar que a indulgência não aproveita mais ou vale mais que as esmolas e orações, ou que as esmolas e orações tanto aproveitam e tanto valem quanto a indulgência como sufrágio, pois sabemos que as orações e esmolas e a indulgência muito diferem entre si a modo de sufrágio. Mas dissemos que ela valia 'assim', isto é, de modo 'tal como se', ou seja, como valem orações e esmolas. E pois que as orações e as esmolas têm o valor de sufrágios feitos às almas, nós, a quem do alto foi conferida a plenitude do poder, desejoso de levar ajuda e sufrágio às almas do purgatório, tirando do tesouro da Igreja universal, constituído dos méritos de Cristo e de seus Santos, concedemos a mencionada indulgência..." (DS 405-1406). Leão X, bula *Exsurge Domine* (DS 1467-1472). Pio VI, const. *Auctorem Fidei*, prop. 40: "A proposição afirmando 'que a indulgência, segundo sua exata noção, não é nada mais que a remissão de parte daquela penitência estatuída pelos cânones ao pecador'; como se a indulgência, fora a mera remissão da pena canônica, não valesse igualmente para a remissão da pena temporal devida pelos pecados atuais, ante a divina justiça: – é falsa, temerária, injuriosa aos méritos de Cristo, já há muito condenada no art. 19 de Lutero" (DS 2640). *Ibid.,* prop. 41: "Da mesma forma, no que acresce 'que os escolásticos inchados com suas sutilezas introduziram um mal compreendido tesouro dos méritos de Cristo e dos Santos, e à clara noção da absolvição da pena canônica substituíram a confusa e falsa da aplicação dos méritos', como se os tesouros da Igreja, donde o papa dá as indulgências, não fossem os méritos de Cristo e dos Santos: – é falsa, temerária, injuriosa aos méritos de Cristo e dos Santos, já há muito condenada no art. 17 de Lutero" (DS 2641). *Ibid.,* prop. 42: "Da mesma forma, no que acresce: 'mais triste ainda é que esta quimérica aplicação se pretendeu aplicar aos defuntos': – é falsa, temerária, ofende aos ouvidos pios, injuria aos Romanos Pontífices, e à praxe e ao sentir da Igreja universal, induz ao erro de sabor herético de Pedro de Osma, outra vez condenado no art. 22 de Lutero" (DS 2642). Pio XI, promulgação do Ano Santo Extraordinário *Quod Nuper:* "... no Senhor misericordiosamente concedemos e repartimos uma pleníssima indulgência de toda a pena que devem pagar por seus pecados, tendo obtido de antemão para isso a remissão e o perdão de todos eles" (AAS 25 [1933], p. 8). Pio XII, promulgação do jubileu universal *Iubilaeum Maximum:* "No decurso deste ano de expiação, a todos os... cristãos,

injustificadas e supérfluas" tivesse sido aviltado o poder das chaves que a Igreja possui e enfraquecida a satisfação penitencial,[194] quer como consequência de "proveitos ilícitos" fosse desonrado o próprio nome das indulgências.[195] Mas, retificando e corrigindo os abusos, a Igreja "ensina e ordena que o uso das indulgências, particularmente salutar ao povo cristão e aprovado pela autoridade dos santos concílios, seja conservado na Igreja, e fere com o anátema aos que afirmam serem inúteis as indulgências e negam à Igreja o poder de as conceder".[196]

9. Ainda hoje a Igreja convida todos os seus filhos a considerarem e a meditarem na vantagem que pode oferecer o uso das indulgências, para favorecer a vida de cada um deles, bem como de toda a comunidade cristã.

Para brevemente relembrar os principais benefícios, o uso salutar das indulgências ensina "como é triste e amargo ter abandonado o Senhor Deus".[197] Pois os fiéis, quando se empenham em ganhar as indulgências, compreendem que por suas próprias forças não podem expiar o prejuízo que infligiram a si mesmos e a toda a comunidade, e por isso são excitados a uma salutar humildade.

Além disso, o uso das indulgências ensina com que íntima união em Cristo estamos ligados uns aos outros e que ajuda a vida sobrenatural de cada um pode trazer aos outros, a fim de mais fácil e estreitamente se unirem ao Pai.

---

que devidamente purificados pelo sacramento da Penitência e alimentados com a santa Eucaristia... visitarem piedosamente... as Basílicas e... recitarem orações... no Senhor, misericordiosamente concedemos e repartimos uma pleníssima indulgência e remissão de toda a pena que devem pagar pelos pecados" (AAS 41 [1949], pp. 258-259).

[194] Cf. IV Concílio do Latrão, cap. 62 (DS 819).
[195] Cf. Concílio Tridentino, decreto sobre as indulgências (DS 1835).
[196] Cf. id., *ibid.*
[197] Jr 2,19.
[198] Cf. *Ef* 5, 27.

Assim, o uso das indulgências inflama eficazmente a caridade e, de modo excelente, a exerce quando se leva um auxílio aos irmãos adormecidos em Cristo.

10. A prática das indulgências eleva igualmente à confiança e à esperança da total reconciliação com Deus Pai; contanto, evidentemente, que ela se desenvolva sem dar margem a nenhuma negligência, nem diminuir a preocupação de se dispor devidamente à plena comunhão com Deus. Com efeito, embora sejam benefícios gratuitos, as indulgências não são concedidas tanto a favor dos vivos como dos defuntos, a não ser que se cumpram as condições requeridas para sua obtenção. Duma parte devem ser cumpridas as boas obras prescritas, doutra parte deve o fiel apresentar as disposições exigidas, isto é, que ame a Deus, deteste os pecados, tenha confiança nos méritos de Cristo e firmemente creia na grande utilidade que para ele mesmo representa a comunhão dos Santos.

Não se deve deixar em silêncio que, adquirindo as indulgências, os fiéis docilmente se submetem aos legítimos Pastores da Igreja, e particularmente ao Sucessor de São Pedro, que tem as chaves do céu, aos Pastores que o próprio Salvador mandou apascentar e conduzir sua Igreja.

A salutar instituição das indulgências contribui, assim, por sua parte, para que a Igreja se apresente a Cristo sem mancha nem ruga, mas santa e imaculada,[198] admiravelmente unida em Cristo pelo elo da caridade sobrenatural. De fato, por meio das indulgências são os membros da Igreja padecente mais rapidamente agregados à Igreja triunfante. Daí resulta que por essas mesmas indulgências o Reino de Cristo se instaura muito mais rapidamente "até que todos tenhamos chegado à unidade da fé e ao pleno conhecimento do Filho de

---

[199] *Ef* 4, 13

Deus, à idade de homem perfeito, à medida da estatura que convém ao complemento de Cristo".[199]

11. Assim, apoiando-se nessas verdades, nossa santa Mãe Igreja, ainda uma vez recomendando aos fiéis o uso das indulgências, que foi tão caro ao povo cristão por tantos séculos e o é ainda, como o prova a experiência, não quer tirar nada às outras formas de santificação, em primeiro lugar ao santíssimo sacrifício da missa e aos sacramentos, sobretudo ao sacramento da Penitência, e em seguida aos abundantes socorros agrupados sob o nome de sacramentais, assim como às obras de piedade, de penitência e de caridade. Todos esses meios têm isto em comum: operar a santificação e a purificação com tanto maior eficácia quanto mais estreitamente estiver o fiel unido pela caridade a Cristo-Cabeça e à Igreja-Corpo. A preeminência da caridade na vida cristã é até confirmada pelas indulgências. Pois não podem estas ser adquiridas sem uma sincera metanoia e sem união com Deus, a que visa o cumprimento das obras. É portanto mantida a ordem da caridade, esta ordem na qual se insere a remissão das penas pela distribuição do tesouro da Igreja.

Enfim, exortando seus fiéis a não abandonarem ou subestimarem as santas tradições de seus pais, mas a religiosamente aceitá-las como precioso tesouro da família cristã e a segui-las, contudo a Igreja deixa cada um usar dos meios de purificação e de santificação com a santa e justa liberdade dos filhos de Deus; doutra parte, ela sempre de novo vem lembrar-lhes o que deve ser colocado em primeiro lugar nos meios ordenados à salvação, isto é, os que são necessários, os melhores e mais eficazes.[200]

---

[200] Cf. S. Tomás, In 4 Sent. dist. 20, q. 1, a. 3, q. 1a. 2, ad 2 (S. Th. Suppl., q. 25, a. 2, ad 2): "...ainda que tais indulgências muito valham para a remissão da pena, contudo outras obras de satisfação são mais meritórias sob o ponto de vista do prêmio essencial; o que vem a ser infinitamente melhor do que a remissão da pena temporal".

Mas, para que o mesmo uso das indulgências fosse levado à máxima dignidade e altíssima estima, houve por bem a nossa santa Mãe Igreja introduzir algumas inovações na disciplina dessas indulgências e decidiu publicar novas normas.

V

12. As normas seguintes trazem à disciplina das indulgências as mudanças oportunas, não sem ter recolhido as propostas das Conferências Episcopais.

As ordenações do Código de Direito Canônico e dos Decretos da Santa Sé relativas às indulgências que coincidirem com as novas normas ficam inalteradas.

Na elaboração dessas normas se levaram em conta principalmente três pontos: estabelecer nova medida no que toca à indulgência parcial; estabelecer uma conveniente redução das indulgências plenárias; enfim, para as indulgências chamadas reais e locais, reduzi-las a uma forma mais simples e mais digna.

No que tange à indulgência parcial, fica abolida a antiga determinação por dias e anos; escolhe-se nova norma ou medida, segundo a qual a própria ação do fiel, que cumpre a obra enriquecida duma indulgência, é levada em consideração.

E uma vez que por sua ação pode o fiel obter – além do mérito, fruto principal da ação – uma remissão da pena temporal e uma remissão tanto mais ampla quanto maior é a caridade do que age e importante a obra realizada, decidiu-se que a remissão da pena temporal que o fiel adquire por seu ato dará a medida da remissão de pena que a autoridade eclesiástica acrescenta com liberalidade mediante a indulgência parcial.

Quanto às indulgências plenárias, julgou-se oportuno reduzir convenientemente o número delas, para que os fiéis as apreciem de modo mais justo e as possam adquirir, porque hão de apresentar então as condições requeridas. Pois, o que mais frequentemente acontece, retém pouco a atenção; o que mais abundantemente se oferece, pouco se preza; além disso, a maior parte dos fiéis precisa de tempo suficiente para convenientemente preparar-se para a aquisição da indulgência plenária.

No que toca às indulgências reais e locais, não apenas foi muito reduzido o número delas, como também suprimido o próprio nome, de modo que venha a aparecer mais claramente que são enriquecidas de indulgências as ações dos fiéis e não as coisas e os lugares, uma vez que esses últimos elementos não são mais que ocasiões de se adquirirem as indulgências. Além do mais, os membros das pias associações podem obter as indulgências que lhes são próprias, realizando as obras prescritas, e já não é exigido o uso de suas insígnias.

NORMAS

N 1. Indulgência é a remissão, diante de Deus, da pena temporal devida pelos pecados já perdoados quanto à culpa, que o fiel, devidamente disposto e em certas e determinadas condições, alcança por meio da Igreja, a qual, como dispensadora da redenção, distribui e aplica, com autoridade, o tesouro das satisfações de Cristo e dos Santos.

N 2. A indulgência é parcial ou plenária, conforme libera parcial ou totalmente da pena devida pelos pecados.

N 3. As indulgências, ou parciais ou plenárias, podem sempre aplicar-se aos defuntos por modo de sufrágio.

N 4. Doravante se indicará a indulgência parcial apenas por estas palavras: "indulgência parcial", sem determinação alguma de dias e anos.

N 5. Ao fiel que, ao menos contrito de coração, realiza uma obra enriquecida duma indulgência parcial, é concedida pela Igreja uma remissão de pena temporal igual à que ele mesmo obtém por sua ação.

N 6. A indulgência plenária só pode ser adquirida uma vez por dia, ressalvada a prescrição da norma 18 para os que se acham "in articulo mortis".

Mas, pode adquirir-se a indulgência parcial várias vezes no mesmo dia, a menos que expressamente seja indicada outra disposição.

N 7. Para adquirir a indulgência plenária é preciso fazer uma obra enriquecida de indulgência e preencher as seguintes três condições: confissão sacramental, comunhão eucarística e oração nas intenções do Sumo Pontífice. Requer-se além disso rejeitar todo o apego ao pecado, qualquer que seja, mesmo venial.

Se falta essa plena disposição ou não se cumprem as supramencionadas condições, ficando intacta a prescrição da norma 11 para os que se acham "impedidos", a indulgência será apenas parcial.

N 8. As três condições podem ser preenchidas em dias diversos, antes ou após a realização da obra prescrita; mas convém que a comunhão e a oração nas intenções do Soberano Pontífice se façam no mesmo dia em que se faz a obra.

N 9. Com uma só confissão sacramental, podem adquirir-se várias indulgências plenárias, mas para cada indulgência plenária é necessária uma comunhão e as orações nas intenções do Sumo Pontífice.

N 10. A condição da oração nas intenções do Sumo Pontífice pode ser plenamente cumprida recitando em suas intenções um Pai-nosso e Ave-Maria; mas é facultado a todos os fiéis recitarem qualquer outra oração conforme sua piedade e devoção para com o Pontífice Romano.

N. 11. Sem prejuízo da faculdade dada aos confessores pelo cân. 935 do CDC de comutarem, para aqueles "que se acham impedidos", ou a obra prescrita ou as condições requeridas, podem os ordinários locais conceder aos fiéis sob sua autoridade, conforme as normas do Direito, caso morem esses fiéis em lugares onde lhes é impossível ou ao menos muito difícil confessar-se ou comungar, a possibilidade de ganharem a indulgência plenária sem confissão e comunhão imediata, contanto que tenham o coração contrito e estejam dispostos a se aproximarem desses sacramentos logo que puderem.

N 12. Fica abolida a distinção das indulgências em pessoais, reais e locais, para fazer aparecer mais claramente que são as ações dos fiéis as enriquecidas com indulgências, mesmo que às vezes ligadas a um objeto ou a um lugar.

N 13. O Indulgências – Orientações litúrgico-pastorais será revisto a fim de que não sejam enriquecidas de indulgências senão as principais orações e obras de piedade, de caridade e de penitência.

N 14. Os catálogos e compilações de indulgências das ordens, congregações religiosas, sociedades de vida comum sem votos, institutos seculares e associações pias de fiéis, serão revistos assim que possível, para a indulgência plenária poder ser adquirida só em certos dias particulares, marcados pela Santa Sé, sob proposta do superior geral ou, tratando-se de associações pias, do ordinário do lugar.

N 15. Em todas as igrejas, oratórios públicos ou semipúblicos – para os que legitimamente usam destes últimos – pode-se ganhar a indulgência de 2 de novembro, que só pode ser aplicada aos defuntos.

Além disso, nas igrejas paroquiais pode-se ganhar a indulgência plenária em duas ocasiões por ano: na festa do titular e no dia 2 de agosto, dia da indulgência da "Porciúncula", ou noutro dia mais oportuno que o ordinário fixar.

Todas as supramencionadas indulgências podem ganhar-se nos referidos dias ou, com o consentimento do ordinário, no domingo precedente ou no domingo seguinte.

As outras indulgências, ligadas a igrejas ou oratórios, serão o mais cedo possível revistas.

N 16. A obra prescrita para ganhar a indulgência plenária ligada a uma igreja ou oratório é a visita piedosa durante a qual se recitará a oração dominical e o símbolo da fé (Pai-nosso e Creio).

N 17. Aos fiéis que utilizam religiosamente um objeto de piedade (crucifixo, cruz, terço, escapulário, medalha), validamente abençoado por um padre, concede-se indulgência parcial.

Ademais, se o objeto de piedade foi bento pelo Soberano Pontífice ou por um bispo, os fiéis que religiosamente o usam podem também obter a indulgência plenária no dia da festa dos Santos Apóstolos Pedro e Paulo, ajuntando, porém, a profissão de fé sob uma forma legítima.

N 18. No caso da impossibilidade de haver um padre para administrar a um fiel em perigo de morte os sacramentos e a bênção apostólica com a indulgência plenária a ela ligada, de que se trata no cân. 468, parágrafo 2, do CDC, concede benignamente nossa piedosa Mãe Igreja a esse fiel bem disposto a indulgência plenária a lucrar em artigo de morte, com a condição de ter ele durante a vida habitualmente recitado algumas orações. Para aquisição dessa indulgência, é louvável empregar um crucifixo ou uma cruz.

Essa mesma indulgência plenária em artigo de morte pode ser ganha por um fiel, ainda que ele já tenha no mesmo dia ganho outra indulgência plenária.

N 19. As normas estabelecidas quanto às indulgências plenárias, especialmente a norma 6, são aplicáveis às indulgências plenárias que até então se chamavam *toties quoties*.

N 20. Nossa piedosa Mãe Igreja, em sumo grau solícita pelos fiéis defuntos, resolveu conceder-lhes os seus sufrágios na mais ampla medida em cada sacrifício da missa, ab-rogando por outro lado todo privilégio neste domínio.

* * *

As novas normas regulando a aquisição das indulgências entrarão em vigor três meses após o dia da publicação desta Constituição nas *Acta Apostolicae Sedis*.

As indulgências ligadas ao uso de objetos de piedade, não mencionadas acima, cessarão três meses após o dia da publicação desta Constituição nas *Acta Apostolicae Sedis*.

As revisões de que se falou nas normas 14 e 15 devem ser propostas à Sagrada Penitenciaria Apostólica durante o ano. Após dois anos, a partir da data desta Constituição, cessarão de vigorar as indulgências que não tiverem sido confirmadas.

Queremos que estas decisões e prescrições sejam firmes e eficazes no futuro, não obstante eventualmente as Constituições e Ordenações Apostólicas emanadas de nossos predecessores e outras prescrições, mesmo dignas de menção ou de exceção particulares.

Dado em Roma, junto de São Paulo, na oitava da Natividade de Nosso Senhor Jesus Cristo, a 1º de janeiro de 1967, quarto do nosso pontificado.

PAULO, PP VI

ÍNDICES

A – ORAÇÕES

66	Abençoai, Senhor, (con. 26)
49	Ação de graças após a comunhão (con. 8, §1, 2; 2,2)
58	Alma de Cristo, santificai-me (con. 8)
57	Anjo do Senhor (con. 17, §3)
65	Aqui estamos, Divino Espírito Santo (con. 26)
59	À vossa proteção recorremos (con. 17)
43	Ato de consagração a Jesus Cristo (con. 2)
49	Ato de comunhão espiritual (con. 8, §2,1)
51	Ato de contrição (con. 9, §2)
44	Ato de reparação (con. 3)
46	Bênção papal (con. 4)
51	Confesso (con. 9, §2)
68	Creio em Deus (con. 28, §2,3)
48	Encerramento de congressos eucarísticos (con. 7, §4)
49	Eis-me, ó bom e dulcíssimo Jesus (con. 8, §2)
51	Exame de consciência (con. 9)
63	Glorificação de Maria (trad. Copta (con. 23, §2)
63	Hino Akathistos (con. 23, §1)
65	Inspirai, ó Deus, as nossas ações (con. 26)
63	Intercessões pelos defuntos (da lit. de São Tiago (con. 23, §2)
62	Ladainhas (con. 22)
69	Laudes ou vésperas do ofício dos defuntos (con. 26)
58	Lembrai-vos, ó piíssima Virgem Maria (con. 17)
58	Maria, ó mãe da graça (con. 17)
57	Magnificat (con. 17, §2,1)
62	Novenas (con. 22, §1)
66	Nós vos damos graças (con. 26)
61	Ofício da Paixão de Nosso Senhor (con. 21)
56	Oração à beatíssima Virgem Maria (con. 22)

60	Oração em honra de São José (con. 19)
61	Oração em honra de outros santos e dos beatos (con. 21)
61	Oração em honra dos Apóstolos Pedro e Paulo (con. 20)
52	Oração pela unidade dos cristãos (con. 11)
63	Oração de ação de graças (trad. Armênia) (con. 23, §2)
63	Oração vespertina (trad. Bizantina) (con. 23, §2)
63	Oração pelos defuntos (trad. Bizantina) (com. 23, §2)
63	Oração do santuário (con. 23, §2)
63	Oração "lakhu Mara (trad. Caldaica) (con. 23, §2)
63	Oração para incensação (con. 23, §2)
63	Oração em honra à Virgem Maria (trad. Copta) (con. 23, §2)
63	Oração para o perdão dos pecados (trad. Etíope) (con. 23, §2)
63	Oração para alcançar o seguimento de Cristo (con. 23, §2)
63	Oração pela Igreja (trad. Maronita) (con. 23, §2)
63	Oração depois de terminada a liturgia (trad. Maronita) (con. 23, §2)
64	Oração pelo Bispo (con. 25, §2)
64	Oração pelo Sumo Pontífice (con. 25, §1)
66	Ouvi-me, Senhor santo (con. 26)
62	Pequenos ofícios (con. 22, §3)
47	Procissão eucarística (con. 7, §3)
58	Rainha do céu (con. 17)
56	Rosário de Maria (con. 17, §1)
51	Salmos penitenciais (con. 9, §2)
59	Salve Rainha, mãe de misericórdia (con. 17)
59	Santa Maria, socorrei os pobres (con. 17)
59	Santo anjo do Senhor (con. 18)
66	Senhor Deus todo-poderoso (con. 26)
47	Tão sublime sacramento (con. 7)
65	Te Deum (con. 26, 2)
65	Veni, Creator (con. 26, §1)
53	Via Sacra (con. 13, §2)
67	Vinde, ó Santo Espírito (con. 26)
47	Visita ao Santíssimo Sacramento (con. 7, §1)
67	Visitai, Senhor, esta casa (con. 26)

B – INDULGÊNCIAS PLENÁRIAS

1. Indulgências plenárias que podem ser lucradas todos os dias

47	Adoração e procissão eucarística, ao menos meia hora por dia (conc. 7, §1)
63	Akathistos ou ofício Paráclisis (conc. 23, §1)
53	Exercício da Via Sacra (conc. 13, §2)
69	Leitura da Sagrada Escritura, ao menos meia hora por dia (conc. 30, §1)
56	Rosário de Maria (conc. 17, §1)
71	Visita às Basílicas Patriarcais de Roma (conc. 33, §1,1º)

2. Indulgências plenárias concedidas em determinados dias

65	Primeiro de Janeiro (conc. 26, §1,1º)
52	Semana pela unidade dos cristãos (conc. 11, §1)
71	22 de fevereiro (conc. 33, §3)
49	Sexta-feira da quaresma ou da Paixão do Senhor (com. 8, §1,3)
47	Quinta-feira Santa (conc. 7, §1,2º)
53	Sexta-feira da Paixão e Morte do Senhor (conc. 13,1º)
68	Sábado Santo (conc. 28, §1)
77	Segundo Domingo de Páscoa ou Domingo da Misericórdia
65	Solenidade de Pentecostes (conc. 26, §1,1º)
67	Solenidade do Corpo e Sangue de Cristo (conc. 7, §1,3º)
44	Solenidade do Sacratíssimo Coração de Jesus (conc. 3)
54	Solenidade dos Santos Apóstolos Pedro e Paulo (conc.14, §1)
71	(conc. 33, §1,2º. e 3º)
71	02 de agosto (conc. 33, §1, 2º,3º, 5º)
69	Todos os dias de 1 a 8 de novembro (conc. 29, §1,1º)
69	Comemoração de todos os fiéis defuntos (conc. 29, §1,2º)
71	9 de novembro (conc. 33, §1,3º)
43	Solenidade de Nosso Senhor Jesus Cristo Rei do Universo (conc. 2)
65	31 de dezembro (conc. 26, §1,2º)

3. Indulgências plenárias concedidas em circunstâncias particulares

46	Bênção papal (conc.4)
67	Celebrações jubilares de ordenações (conc. 27, 2§)
48	Congressos eucarísticos (conc. 7, §1,4º)
82	Decreto: a Igreja Catedral
46	Dias dedicados a celebrações de algum fim religioso (conc. 5)68 Dia do aniversário do batismo (conc. 28, §1)
43	Dia da Consagração da Família (conc. 1)
71	Dia da dedicação da igreja ou do altar (conc. 33, §1,6º)
72	Dia da Igreja Estacional (conc. 33, §3)
51	Exercícios espirituais (conc. 10, §1)
52	Hora da morte (conc. 12)
71	Igreja dos Institutos de vida consagrada ou de Sociedade de vida apostólica no dia dedicado ao seu fundador (conc. 33,17º)
71	Peregrinações (conc. 33, §1,1º e 3º)
49	Primeira Comunhão (conc. 8, §1,1º)
67	Primeira Missa (conc. 27, §1)
47	Procissão eucarística (conc. 7, §1,3º)
55	Santas missões (conc. 16,§1)
70	Sínodo diocesano (conc. 31)
71	Solenidade do Titular de uma basílica menor, de uma igreja catedral, de um santuário, de uma igreja paroquial (conc. 33, §1, 2º e 5º)
71	Visita à catedral, uma vez ao ano, em dia escolhido pelo fiel (conc. 33, §1,2º,4º)
70	Visita pastoral (conc. 32)

SUMÁRIO

- 5 APRESENTAÇÃO
- 6 APROVAÇÃO DA PENITENCIARIA APOSTÓLICA
- 7 DECRETO *Iesu humani generis*
- 11 ABREVIATURAS E SIGLAS
- 15 INTRODUÇÃO GERAL
- 19 NORMAS SOBRE AS INDULGÊNCIAS

27 QUATRO CONCESSÕES DE CARÁTER GERAL
- 27 Introdução
- 28 Primeira concessão
- 30 Segunda concessão
- 34 Terceira concessão
- 36 Quarta concessão

40 OUTRAS CONCESSÕES
- 40 Introdução
- 43 1. Ato de consagração das famílias
- 43 2. Ato de consagração do gênero humano a Jesus Cristo Rei
- 44 3. Ato de reparação
- 46 4. Bênção papal
- 46 5. Dias universalmente dedicados a celebrações de algum fim religioso
- 47 6. Doutrina cristã
- 47 7. Adoração e procissão eucarística
- 49 8. Comunhão eucarística e espiritual
- 51 9. Exame de consciência e ato de contrição
- 51 10. Exercícios espirituais e recolhimento mental
- 51 11. Semana pela unidade dos cristãos
- 52 12. Na hora da morte

53	13. Na memória da Paixão e Morte do Senhor
54	14. Uso de objeto de piedade
55	15. Oração mental
55	16. Participação na sagrada pregação
56	17. Orações à Beatíssima Virgem Maria
59	18. Oração ao Anjo da Guarda
60	19. Oração em honra de São José
61	20. Oração em honra dos Santos Apóstolos Pedro e Paulo
61	21. Oração em honra de outros Santos e dos Beatos
62	22. Novena, ladainha e ofícios breves
62	23. Oração das Igrejas Orientais
64	24. Oração pelos benfeitores
64	25. Oração pelos pastores
65	26. Preces de súplica e ação de graças
67	27. Primeira missa do neo-sacerdote e celebrações jubilares de ordenações
68	28. Profissão de fé e atos de virtudes teologais
68	29. Pelos fiéis defuntos
69	30. Leitura da Sagrada Escritura
70	31. Sínodo diocesano
70	32. Visita pastoral
70	33. Visitas a lugares sagrados
73	**APÊNDICE**
73	Piedosas invocações
75	Invocações em uso
77	Decreto *Urbis et orbis* (29 de junho de 2002)
82	Decreto *Ecclesia Cathedralis* (29 de junho de 2002)
85	Constituição apostólica *INDULGENTIARUM DOCTRINA*